TRAITE'

DE LA GARANTIE DES RENTES,

PAR CHARLES LOYSEAV,
Aduocat en Parlement.

A PARIS,

M. DC. LXVI.

AVEC PRIVILEGE DV ROY.

A MONSIEVR

DESLANDES,

CONSEILLER DV ROY en sa Cour de Parlement.

ONSIEVR,

Il y a quelques animaux, dont la premiere portée ne vient gueres à perfection : c'est icy la mienne, que i'eus pourtant enuie d'estouffer dés sa naissance, n'osant presumer qu'elle fust digne de viure, pour auoir esté conceuë en ma trop grande ieunesse, & née auant terme : toutesfois ie n'en creu pas mon courage, mais ie me laissay emporter à l'aduis de mes amis, qui me persuaderent de la laisser viure & iouyr de la lumiere, tant qu'elle pourroit. Ainsi donc ie l'abandonnay à la fortune, ne l'osant encore aduoüer. Mais maintenant, à l'exemple de ce genereux Oyseau, qui ayant exposé ses petits au Soleil, esleue ceux qui ont supporté sans siller l'éclat de ses rayons : voyant que ce pauure auorton a souffert si long-temps la lumiere, sans estre interessé, ie me suis enhardy de le reconnoistre & aduoüer pour mien, afin de ne plus contreuenir au Senatusconsulte Plautian. Bien qu'il soit petit, ressentant la ieunesse de son pere, & qu'il ait des freres plus grands que luy, si est-il mon aisné, & a ouuert le passage aux autres. Comme donc c'est au pere à choisir le parain, l'ayant r'habillé à ma mode, ie vous le presente, Monsieur, pour luy donner nom, tant en memoire des obligations signalées qu'auez sur moy, que pource qu'au moyen de la creance, qu'auez sur ceux, auec lesquels il a à viure, vous le pouuez garantir contre ses ennemis, & faire valoir auec ses amis, & en tous cas satisfaire vous-mesme à son defaut. Vous suppliant l'accepter pour filleul d'aussi bon cœur, que le pere vous le presente, qui demeurera toute sa vie.

MONSIEVR,

Vostre humble & obligé seruiteur,
C. LOYSEAV.

TRAITÉ DE LA GARANTIE DES RENTES.

AVANT-PROPOS.

SOMMAIRE.

1 *De la trop grande frequence des hypotheques.*
2 *Le trafic d'argent plus frequent en France qu'à Rome.*
Origine des Rentes constituées.
3 *Vsures Romaines n'estoient pas de si longue durée que nos Rentes.*
4 *Hypotheques moins frequentes à Rome qu'en France.*
5 *Pourquoy en quelques Coustumes le nantissement est requis.*
6, & 7 *Frequence des hypotheques de France.*
8 *Qu'il y a peu d'asseurance és debtes & és Rentes.*
9 *Qu'il y a moins d'asseurance à present que iamais.*
10 *Proposition de ce Liure.*
11 *Ce que dit Seneque des asseurances de garantis*
12 *Clause de garantie.*
13 *Clause de fournir & faire valoir.*
14 *Clause de payer soy-mesme.*

VN ancien se plaignant que le trafic d'argent estoit trop ordinaire à Rome, & les hypotheques trop frequentes, auoit raison de dire,

Nulli certa domus, nullum sine pignore corpus.

Mais sans doute, nous auons plus d'occasion d'en dire autant en France, principalement à present que les ruines des guerres Ciuiles ont appauury les riches maisons, & desolé les pauures.

2 Car il est aisé à prouuer, que le trafic d'argent est plus frequent parmy nous, qu'il n'estoit à Rome, où les rentes constituées (qui auiourd'huy sont presque les plus communs biens des Habitans des villes) furent du tout inconnuës iusques au temps de Iustinian, qui le premier en fit mention par sa Nouelle 160. Et depuis on ne lit point qu'elles ayent esté vsitées, iusques à ce que le Pape Martin V. en l'an 1424. & depuis Calixte III. enuiron trente ans apres, les authoriserent par leurs Extrauagantes.

3 Mais les Romains vsoient seulement de prest d'argent à interest, qui ne pouuoit estre de longue durée, & pource qu'il estoit exigible à la volonté du creancier & dautant aussi que l'interest ne pouuoit exceder le sort principal. *leg. Si non sortem.* §. *supra duplum. ff. de cond. ind. & Nou.* 121. de sorte que le creancier estoit contraint de retirer bien-tost son argent, afin qu'il ne demeurast desormais inutile, & sans profit.

4 Aussi il est certain, que les hypotheques nous sont beaucoup plus ordinaires qu'à Rome, où du commencement l'on trouua estrange, que par vne simple paction sans tradition actuelle on acquist en la chose vn droict réel & d'hypotheque : de sorte qu'il ne s'y void encore auiourd'huy aucune action ciuile, pour poursuiure les hypotheques. Mais enfin le Preteur Seruius introduisit premierement l'action, qui de son nom fut appellée *Seruiana*, pour les meubles des Locataires tacitement obligez aux loyers des maisons : & depuis par vne interpretation extensiue fut introduite l'action *Quasi Seruiana*, appellée aussi *Hypothecaria*, pour poursuiure toutes autres choses obligées, desquelles le creancier n'auoit esté nanty par tradition.

5. Et c'est en passant, pourquoy l'on void encore en certaines Prouinces de France que la simple constitution d'hypotheque n'a aucun effet sans les solemnitez du nantissement, du vest & deuest, ou de la dessaisine. Quoy qu'il en soit, à Rome la stipulation ou clause d'hypotheque n'estoit pas apposée indifferemment comme à nous, en tous Contracts par forme de stile commun.

6. Mais en France tous Contracts induisent, non seulement hypotheque (mesme sans la clause hypothequaire, à plus forte raison que les cedules reconnuës) mais aussi execution prompte & parée sur tous les biens des obligez. Comme aussi les jugemens, bien qu'ils eussent de droit execution parée, si est-ce qu'ils n'induisoient hypotheque, sinon apres la saisie & execution réelle faite en vertu d'iceux, car alors les choses saisies [& non autres] *si hinc pignora prætoria aut iudicialia*; mais en France, du iour de la condamnation est acquis à sa partie droit d'hypotheque sur tous les biens du condamné, par la nouuelle disposition de l'Ordonnance de Moulins article 53.

7. De maniere qu'entre nous, nul ne se peut vanter que ses biens ne soient point obligez, si en sa vie il a passé quelque Contract, ou perdu quelque procez. Et puis que l'hypotheque suit perpetuellement la chose en quelques mains qu'elle passe, *l. Debitorem. C. de pign.* il s'ensuit qu'il est fort mal-aisé de rien acquerir qui ne soit chargé de plusieurs hypotheques, lesquelles bien souuent surpassent la valeur de l'heritage: de sorte que difficilement vn acheteur se peut il asseurer mesme de ce qu'il tient en ses mains, & qu'il a en sa possession: & c'est pourquoy on dit communement, *Qu'il se trouue plus de fols acheteurs, que de fols vendeurs.*

8. Que s'il est mal-aisé de s'asseurer des heritages que l'on tient & possede visiblement, & que les Grecs ont appellé φανερὰν ὀσίαν, à plus forte raison il est tres-difficile de trouuer asseurance entiere en l'achapt ou cession d'vne debte, ou d'vne rente déja creée, où l'on n'acquiert aucune ioüyssance visible, ny tradition actuelle d'aucun corps solide & palpable, mais seulement vn droit en l'air ou en l'esprit, τὸ ἀφανὲς, en effet vn morceau de parchemin: *Video istic diplomata*, disoit Seneque, *& cautiones, & syngraphas, vacua habendi simulachra, vmbram quandam auaritiæ laborantis, quæ decipiat animum inanium opinione gaudentem, inanis denique cupiditatis somnia, in quibus nihil est quòd mane tenere possis.*

9. Et si jamais les rentes ont esté mal asseurées, c'est maintenant qu'elles se trouuent telles, au declin de cette longue & cruelle guerre ciuile, qui a appauury la plus-part des familles aisées de ce Royaume, & principalement du tiers Estat. C'est pourquoy il ne se void point maintenant de procez plus frequens que touchant les garanties, les discussions, les executions, les cessions de biens, les deguerpissemens, & autres telles recherches, esquelles l'extreme pauureté, maintenant commune aux debiteurs & aux creanciers, contraint vn chacun d'employer auec peu de plaisir ce commencement de paix.

10. Ce ne sera donc point chose inutile, ny hors de saison, de traiter succinctement des moyens vsitez en nostre Pratique de France, pour s'asseurer de la garantie des rentes déja creées, que l'on acquiert d'autruy par transport; c'est à dire, de la signification & energie des clauses dont on a coustume d'vser és transports & cessions des rentes, sans s'arrester à parler des asseurances exterieures que l'on y recherche, à sçauoir des cautions de telles ventes, sinon entant qu'il pourra venir à propos; sans aussi parler des clauses vsitées és Contracts de creation, constitution, ou baux des rentes, pource que du Molin en a écrit autant pertinemment qu'il est possible, en son Traitté des Vsures. Mais des clauses des transports des rentes déja creées, ie ne sçay point que iusques icy aucun en ait traité en façon quelconque, fors le docte Liure mis en lumiere depuis quelques mois touchant la clause de *fournir & faire valoir*, lequel m'a donné suiet de faire ce discours, pour n'auoir sceu gouster l'opinion qui y est maintenuë.

11. *Vtinam*, disoit Seneque, *nulla stipulatio emptorem venditori obligaret, nec pacta conuentaque impressis signis custodirentur, sed fides potius illa seruaret & æquum colens animus. At nec ista necessaria optimis prætulerunt, & cogere fidem quàm expectare malunt. Illic per tabulas plurium nomina interpositis parariis facit, ille non est interrogatione contentus nisi rem manu tenuerit. O turpem humano generi fraudis ac nequitiæ publicæ confessionem. Annulis nostris plus quam animis creditur. Nonne honestius erat à quibusdam fidem falli, quàm ab omnibus timeri?*

12. L'on ne s'est pas contenté de la simple & nuë conuention de vente, on a inuenté artificiellement vn formulaire de stipulation & d'euiction; & en France on a premierement inseré indistinctement en tous Contracts de vente la clause de *Garantir de tous troubles & empeschemens quelconques.*

13. On s'est depuis apperceu que cette clause estoit imparfaite & defectueuse, principalement pour le regard des rentes, qui estans plus hazardeuses, ont eu besoin de precautions particulieres. C'est pourquoy l'on a inuenté y a plus de deux cens ans vne seconde clause *de fournir & faire valoir, tant en principal qu'arrerages.*

14. Encore l'on a veu que cette clause n'estoit assez suffisante, pource qu'il falloit faire discussion, difficile & de grand coust. A cette cause, de nostre temps & tout de nouueau on

a inuenté la troisiéme clause, *En defaut de payement par le debteur de la rente, de tant d'arrerages, apres vn simple commandement à luy fait, & refus sur iceluy, de payer soy-mesme.* Et encore, comme ie diray, on trouue des difficultez sur cette derniere clause, tant il y en a d'ingenieux à s'exempter de payer leurs debtes.

14. Voila en somme les trois clauses que i'ay entrepris d'expliquer par ordre, à sçauoir celle de garantir, celle de fournir & faire valoir, & celle de payer soy-mesme.

DE LA GARANTIE, NOTAMMENT DE CELLE DE DROICT.

SOMMAIRE DV PREMIER CHAPITRE.

Garantir que signifié proprement.
2 *Origine du mot.*
3 *Garant comment est appellé en Latin?* Auctor.
4 *Comment en Grec?*
5 *Garantie comment se dit en Latin?*
6 *Deux sortes de garantie, à sçauoir de droit & de fait.*
7 Præstare, quid?
8 *Pleuuir & pleger* quid, *selon leur origine?*
9 *Comment ils s'entendent à present.*
10 *La garantie de droit est deuë regulierement, encore qu'elle ne soit promise.*
11 *Raison.*
12, 13 *Promesse de garantie generale ne sert bien souuent de rien.*
Stipulatio dupla.
14. *Cinq cas particuliers esquels la promesse de garantie sert.*
15 *Autre effet general & fort notable de ladite garantie.*
16 *Que sert au Contract la stipulation de dépens, dommages & interests.*

CHAPITRE I.

QVANT à la premiere, de *Garantir de tous troubles & empeschemens quelconques*, que les Romains appelloient *stipulation d'euiction*, & laquelle ils reconnoissoient, comme il sera dit cy-apres; il faut entendre que *Garantir*, signifie proprement asseurer, & vn Garant est celuy qui asseure vn autre, & qui est tenu l'acquiter de quelque action ou procez.

2. Et encore que le docte Cujas ait écrit que *Garant* est vn terme Allemand, si est-ce qu'il y a plus d'apparence, de dire qu'il vient d'vn beau terme François *Garer*, qui signifie *mettre en seureté*, d'où vient le mot vulgaire *Gare* ou *Garez-vous*, que l'on veut corriger mal à propos pour dire *Gardez vous. Inde Egaré*, celuy qui ne sçait où se garer & se retirer, & *Garrotter*, qui signifie lier & arrester quelque chose.

3. Le Garant est appellé par les Latins ou *Auctor ab augendo, quia stipulatio euictionis auget primam obligationem*, comme dit Alciat *in pr.* ou *Author à Græco αὐθέντης*; bien que Gaza écrit que αὐθέντης signifie proprement αὐτόχειρα, & que depuis mil ans on luy auoit donné cette nouuelle signification pour répondre au terme Latin *Auctor*.

4. Les Grecs appellent encore le garant βεβαιωτὴν, ἀπὸ τοῦ βεβαίου, qui signifie stable, constant & certain. *Inde* βεβαίωσις *Garantie*, & βεβαιώσεως δίκη procez de garantie, ou instance de sommation. Βεβαιώσεως δίκη, *inquit Hesich.* ἐπὶ τῶν ὠνησαμένων (*sic enim legendum pro vulgato* δεξαμένων) τὰ μετὰ ταῦτα ἀμφισβητούμενα. *Et Suidas* βεβαιώσεως δίκη ἐστὶν ὄνομα, ἣν δικάζουσιν, οἱ ὠνησάμενοί τι. *Et Iul. Pollux lib.* 8. ἡ βεβαιώσεως δίκη, ὁπότε τις πριάμενος οἰκίαν ἢ χωρίον, ἀμφισβητοῦντός τινος ἀνάγοι εἰς τὸν πρατῆρα, τὸν δὲ προσήκοι βεβαιοῦν, ἢ μὴ βεβαιοῦντα ὑπεύθυνον εἶναι τῆς βεβαιώσεως: εἰ δὲ ὁ ἀνάγων ἐπὶ τὸν πρατῆρα ἡττηθείη, τὸ μὲν ἀμφισβητηθὲν τοῦ κρατήσαντος ἐγίνετο. ὁ δὲ ἡττηθεὶς τὴν τιμὴν παρὰ τοῦ συκοφαντήσαντος ἐκομίζετο. Ce que i'ay étendu vn peu plus au long; pource que cy-apres nous en pourrons auoir affaire.

5. Or les Latins n'vsent gueres de leur mot *Auctoritas*, pource qu'il est equiuoque, signifiant & la garantie, & generalement toute authorisation ou confirmation de quelque chose, comme *Auctoritas tutorum, auctoritas magistratuum*, mais ils sont contraints d'vser de periphrase, appellans la garantie *stipulationem euictionis*: non que *euictio* signifie garantie, mais la cause qui donne lieu à la garantie: car garantir se dit *euictionem præstare*, c'est à dire, reparer l'euiction suruenuë, & consequemment *promittere euictionem, est promittere se præstiturum euictionem*.

6. Pour donc venir aux effets de la garantie, faut prendre garde que les Interpretes du Droict ont remarqué deux sortes & especes de garantie; l'vne, qu'ils appellent *euictionem iuris*, qui concerne le droit & Seigneurie de la chose; l'autre qu'ils appellent *euictionem facti*, qui regarde la bonté interieure d'icelle. La premiere est proprement appellée en Droict *euictio, quia in stipulatione euictionis non factum, sed ius vertitur. l. Stipulatio ista. §. hi qui ff. de verb. oblig.* L'autre est appellée *redhibitio*, ou bien *redhibitoria actio. l. Redhibere. ff. de Æd. lit. edi.* Quelquefois elle est appellée *quasi euictio. l. Iulianus. §. 1. ff. de act. empt.*

7. Mais

7 Mais il y a en Droict vn beau terme qui s'adapte & conuient à l'vne & l'autre espece de garãtie, à sçauoir le mot *Præstare*. Ie croy que le François *Garantir*, conuient aussi à l'vne & l'autre espece, parce que son etymologie se rapporte à toutes deux; mais nous auons vn fort beau & particulier terme pour signifier la garantie de fait, qui est *Pleuuir & Pleuuine*; terme fort vsité entre les Marchãds, mais qui n'a point encore penetré les treillis des Notaires, ny l'étude des Procureurs, & consequemment n'a point encore esté introduit au Palais.

8 *Pleuuir & pleiger* estoit anciennement vn mesme mot, signifiant mesme chose, (comme chacun sçait que Vv & G, se changent volontiers l'vn en l'autre) & de fait l'ancienne Coustume de Normandie Chapitres 60. & 89. & la vieille Coustume de Bretagne au titre *Des obligations, actions, & pleuuines*, les confondent & mettent l'vn pour l'autre. *Pleuuir* donc ou *pleiger* estoit promettre la loyauté de quelqu'vn, ou de quelque chose, que Ciceron dit *spondere, & in se recipere*. *Pleuuine*, dit la Coustume de Normandie Chapitre 60. *est autant cõme promesse de loyauté: car celuy qui pleuuit aucun, promet qu'il fera loyaument ce dont il le pleige.*

9 Mais par l'vsage & succession de temps, l'on a pris *Pleiger* pour celuy qui promet la loyauté de la persõne, & *Pleuuir* pour celuy qui promet la loyauté de la chose. Donc *Pleuuir* ou *vendre en pleuuine* est promettre que la marchandise venduë est loyale, qui est se soumettre à la garantie de fait; bien qu'il semble à quelques-vns que *Pleuuir* se refere aux meubles seulement; mais cela vient de ce que la redhibition ou garantie de fait, échet plus communément és meubles qu'és immeubles, & toutefois il est certain qu'elle a lieu aucunefois aux immeubles. *l. 1. & l. Sciendum. 2. ff. de Ædilit. edict.*

10 Il faut donc traiter à part de chacune espece de garantie, & quant à l'euiction ou garantie de droit, il est certain que comme en toutes ventes & transports à titre onereux, aussi en cession d'vne debte & d'vne rente le cedant est tenu de cette garantie, encore qu'il n'en soit fait aucune mention au Contract: *Non dubitatur, etsi specialiter venditor euictionem non promiserit, re euicta ex empto competere actionem. l. 16. Cod. de euict.*

11 Dautant que par la tradition & deliurance de la chose, l'acheteur acquiert la Seigneurie d'icelle, si elle appartenoit au vẽdeur; & si elle ne luy appartenoit, il acquiert vne action & recours contre le vendeur, au cas qu'elle soit euincée. *l. 11. ff. de act. empt.* Et par tel recours il recouure, l'euiction suruenant, non seulement la valeur de la chose, mais encore ses dommages & interests, & ce par la propre nature du Contract, & sans aucune promesse de garantie, *l. Si in venditione, & l. Euicta. ff. de euict.* Qui est ce que dit Paul. *lib. 2. sentent. Tanto damnari venditorem, quanto si pro euictione cauisset.*

12 D'où il resulte que la stipulation d'euiction ou promesse de garantie ne sert communément de rien, *quia expressio eorum quæ tacitè insunt, nihil operatur.* C'est pourquoy on ne s'amusoit gueres à Rome de promettre simplement l'euiction, mais on y adioustoit ordinairement la promesse de payer le double du prix en cas d'euiction, qui s'apelloit *Stipulatio duplæ. tit. de euict. & duplæ stipulationib.* Ce qui se faisoit afin qu'apres l'euiction il ne fallust point plaider sur la liquidation des dommages & interests, *l. vlt. ff. de Præt. stip.*

13. Puis donc que la raison de ce que la promesse de garantie ne sert de rien, est dautant que tout ce qu'elle pourroit importer est deub par la propre nature du Contract; il s'ensuit que s'il arriue en quelque cas ou occurrence, que par la nature du Contract la garantie ne soit deuë, ou que la conuention simple du Contract ne puisse se referer à quelque chose, à quoy la promesse de garantie puisse seruir, elle aura sans doute alors son effet & operation, d'obliger la partie à ce qu'elle aura expressement promis.

14 Comme par exemple, il est certain que regulierement le donateur n'est point tenu de l'euiction, *l. Arist. §. vlt. ff. de donat.* & toutefois s'il a expressément promis la garantie, il en est tenu *l. 2. Cod. de euict.* Pareillement le Procureur n'est point tenu en son nom de la garantie, & toutefois s'il s'y est obligé, il y est tenu *l. Procurator qui pro euictione. ff. de procur.* Aussi le creancier qui a vendu le gage appartenant à son debiteur, n'est pas tenu de le garantir, mais s'il l'a specialement promis, il y est obligé, *l. 1. & 2. C. Creditorem euictionem pignoris non debere.* De mesme quand l'acheteur achete vne chose, qu'il sçait appartenir à autruy, il n'a point de recours de garantie par la nature du Contract, si ce n'est qu'il l'ait stipulée expressement, *l. Si fundum. C. de euict. l. Si fratres C. comm. vtr. ind.* On dit aussi qu'en matiere d'Offices, encore qu'ils soient venaux, il n'échet aucune garantie; mais s'il y a Contract contenant promesse expresse de garantie, il n'y a nulle difficulté qu'ils n'en soient tenus: *Contractus n. ex conuentione legem accipiunt;* & nous disons qu'il n'y a au marché que ce que l'on y met; c'est pourquoy les reuendeurs d'Offices & regratiers des Parties Casuelles n'en font jamais de Contracts.

15 L'on peut aussi dire qu'en France l'expression de la promesse de garantie a vn effet particulier de cõstituer hypotheque du iour du Contract pour la restitutiõ du prix & les dommages & interests; car aucuns tiẽnent que si au Cõtract de vẽte le vendeur n'auoit expressement promis la garantie, & à icelle obligé tous & chacuns ses biens, l'acheteur n'auroit

contre luy qu'vne simple action personnelle *ex empto*, & n'auroit hypotheque sur ses biens sinon du iour de la Sentence qu'il obtiendroit, comme on void que le fideiusseur, s'il n'a point de Cõtract d'indemnité, n'a qu'vne simple action personnelle *mandati* cõtre le debiteur; mais s'il a Contract d'indemnité, il a hypotheque sur ses biens du iour d'iceluy. Ce qui se pratique indistinctement en tous dommages & interests: & encore (comme aucuns tiennent) és dépens, qui estans par clause speciale promis en vn Contract, viennent en ordre du iour d'iceluy, autrement ils n'ont hypotheque sinon du iour qu'ils sont adiugez.

16 Or tout ainsi que par le recours de garantie on obtient deux choses, à sçauoir le prix & les dommages & interests; aussi il y a deux clauses pour s'exempter de la garantie; l'vne concernãt la restitution du prix, l'autre les dommages & interests: car si le Contract porte cette clause *Sans garantie*, ou bien *sans garantie fors des faits & promesses du vendeur*, que la loy dit *nisi ex facto suo*; ou bien *Garãtir de ses faits & promesses tant seulemẽt*, que l'on dit en Droict, *Per se hæredemque suum habere licere*, cela est bon pour s'exempter des dommages & interests.

17 Mais il faut passer plus outre, si on se veut exempter de rendre le prix, & faut dire, *sans garantie ny restitution de deniers*. C'est ce que dit Vlpian, *Si apertè venditor pronuntiet per se hæredemque suum non fieri quominus habere liceat, posse defendi exempto, in hoc quidem non teneri, quod emptoris interest, veruntamen vt pretium reddat, teneri: & si in venditione apertè comprehendatur, nihil euictionis nomine præstitum iri, pretium quidem re euicta deberi, vtilitatem non deberi. Neque enim bonæ fidei contractum hanc pati conuentionem, vt emptor rem amitteret, & pretium venditor retineret, nisi forté si quis istas omnes conuentiones recipiat, & c. l. Emptorem. De act. empt.*

SOMMAIRE DEVXIESME.

DE LA GARANTIE DE FAIT.

1 *Proposition*
2 *L'Effet de la garantie de fait different de celuy de la garantie de droit.*
3 Redhibitio.
4 *De l'action* Quanti minoris.
5 *Les dommages & interests n'échéent pas regulierement en la garantie.*
6 *La stipulation du double y auoit lieu à Rome.*
7 *Quand la garantie a lieu.*
8 Non omnis error vitiat emptionem.
Conciliatio leg. Quid tamen. D. de contra. emp. cum l. Cum ab eo §. vlt. eod.
9 *Trois cas esquels la garantie a lieu sans estre promise:* primò, propter dolum.
10 *Du dol qui consiste en simulation & dissimulation ou reticence frauduleuse.*
11 *Second cas en l'Edict des Ædiles.*
12 *Que cét Edict ne comprend que certains cas particuliers.*
13 *Troisiéme cas quand il y a soumission expresse à la garantie.*
14 *Clauses du Droict Romain pour se charger de la garantie.*
15 *Clause pour s'en charger en France.*
16 *Clauses du Droict Romain pour s'en décharger.*
17 *Clauses pour s'en décharger en France.*
18 Auersione emere, quid; *Faire vne quote mal-taillée.*

CHAPITRE II.

VOILA pour ce qui concerne l'euiction ou garantie de Droict, mais pour autant que toute la difficulté qui échet en la garantie des rẽtes, concerne, non la garantie de Droict, à sçauoir qu'elles soient legitimement deuës au cedant, mais plustost la garantie de fait, qui est, qu'elles soient bonnes & exigibles; il est tres-necessaire de presupposer en bref les regles generales de cette espece de garantie, dont iusques icy aucun ny des Interpretes du Droict Romain, ny des Iurisconsultes François n'a escrit exactement.

2 Cette garantie est en plusieurs façons differente de l'autre, & mesme son effet est tout dissemblable; car en l'autre le Contract demeure ferme & stable apres l'euiction suruenuë; & iceluy tenant, l'acheteur recouure la valeur de la chose achetée, auec ses dommages & interests; mais en la pleuuine ou garantie de fait, le Contract est entierement cassé & annullé, & le vendeur est tenu reprendre sa chose, & rẽdre l'argent à l'acheteur: *Facta redhibitione*, dit Paulus, *omnia in integrum restituuntur, perinde ac si neque emptio, neque venditio intercessisset. leg. Facta ff. de Ædil. edict.*

3 C'est pourquoy elle est appellée *Redhibitio. Redhibitum*, dit Festus, *id dicitur, quod redditum est; & qui dedit, rursus coactus est habere quod ante habuit*, d'où est tirée la loy *Redhibere*, au mesme titre.

4 Il est vray qu'en cette garantie il est en l'option de l'acheteur, ou d'intenter l'action redhibitoire, ou bien d'agir *actione æstimatoria Quanti minoris*, à ce que le Contract tenant au surplus, l'on luy rende autant d'argent que la chose est de moindre prix à cause du vice, *leg. Ædiles. eod. tit.*

5 Quoy qu'il en soit, en la redhibitoire il n'échet pas indistinctement des dommages & interests, comme en l'euiction & garantie formelle, mais seulement il y échet l'interest du prix, & d'estre indemnisez à l'occasion du Contract, *hoc est rationem haberi damni emergentis, non etiam lucri cessantis, l. 27. & 29. eod. tit.* si ce n'est quand le vendeur sçauoit le vice, car alors il doit tous les dommages & interests, *l. Iul. in pr. ff. de act. empt.*

6 Il est bien vray que comme pour l'euiction, aussi pour la redhibition on interposoit communément la stipulation du double, dont parle ce beau Texte de la loy *Quod si nolit. in §. quia assidua. eod. tit. de ad. ed.* & la loy *Quia dicitur, ff. de euict.* & Theoph. au tit. *De diuis. stip.*

7 Mais c'est vne grande question de sçauoir quand & comment le vendeur est tenu de cette garantie, ce qu'on dit en droict, *Quatenus teneatur venditor vitium rei venditæ præstare.* Il faut poser pour maxime, qu'encore que la garantie de droit soit deuë, *licet promissa non fuerit*, comme nous auons prouué, si est-ce que tout au contraire la pleuuine ou garantie de fait n'est deuë regulierement si elle n'est promise; c'est à dire, que quand le Contract est pur & simple, sans faire mention d'aucune garantie, le vendeur n'est point tenu de garantir que la chose soit bonne, & exempte de tout vice & inconuenient, mais c'est à faire à l'acheteur de s'en informer, enquerir & donner garde, afin de n'acheter pas chat en poche, comme l'on dit. C'est à luy de sçauoir la condition & qualité de la chose qu'il achete; de maniere qu'elle est presumée auoir esté venduë telle, & en l'estat qu'elle estoit. C'est ce que veut dire Pomponius. *Alienatio cùm fit, cum sua causa dominium ad alium transferimus, quæ futura esset, si apud nos ea res mansisset; idque in toto iure ita se habet, præterquam si aliquid nominatim sit constitutum, l. Alienat. de contr. emp.*

8 Aussi il suffit que les contractans *consenserint in corpore vendito, & in eius substantia, & materia ipsa; licet in qualitate materiæ, id est, in gradu (vt ita dicam) internæ bonitatis errauerint*, qui est la conciliation de ces deux loix si contraires, *l. Quid tamen, & l. Cùm ab eo. §. vlt. ff. de contr. empt.* Autrement il n'y auroit jamais Contract de vente asseuré, s'il estoit permis à l'acheteur de le faire casser, sous pretexte de n'auoir troué la chose si bonne qu'il esperoit ou qu'il desiroit; car jamais le vendeur ne vend que ce qu'il ne veut pas, & jamais l'acheteur n'achete que ce qu'il souhaite, *ille, quod non placet, proscribit; hic quod placet, emit*, dit Ciceron aux Offices, c'est pourquoy mal-aisément se trouuent-ils tous deux contents.

9 Or cette maxime generale, que le vendeur n'est tenu de la garantie de fait, s'il ne l'a promise, a esté decidée depuis les deux premieres impressions de ce Traité, par Arrest prononcé en robbes rouges, par ce Phœnix de nostre robbe, Monsieur le President de Harlay, le 23. Decembre 1604. & reçoit trois exceptions notables. La premiere, que toutefois & quantes qu'il est en dol, & que l'on peut dire qu'il a trompé & fraudé l'acheteur, alors la redhibition a lieu. Exception qui est infaillible, soit au cas que le Contract soit pur & simple, soit que la chose ait esté expressement venduë telle qu'elle estoit, *l. Si plus. §. vlt. D. de euict.* soit mesme que *auersione res sit vendita. l. Qui officij. §. vlt. D. de contr. emp.* Quand mesme il auroit esté dit aux Contracts, *sans garantie, ny restitution de deniers, l. Emptorem. in fi. D. de actio. empt.*

10 Or le dol consiste ou en simulation & machination, ou en dissimulation & reticence frauduleuse: pour la simulation, il y en a vn exemple notable dans Ciceron, *lib. 3. Offic.* de Pythius & Cannius, & pour la dissimulation, il y en a aussi vn bel exemple au mesme lieu de Claudius Centimalus, & T. Calpurnius Lanarius, qui est aussi rapporté par Valere Max. *lib. 8. cap. 2.* Mais quoy qu'en dise Ciceron, si est ce que toute reticence n'est pas dol, & ne donne pas lieu à l'action redhibitoire, mais seulement quand le vice celé est extraordinaire, & qu'il concourt d'autres indices & presomptions de dol, *Dolum enim ex perspicuis indicijs probari conuenit.* Quoy qu'il en soit, en ce cas il faut necessairement que le vendeur ait sceu le vice de la chose, autrement il ne seroit pas en dol, & que l'acheteur l'ait justement ignoré, *aliàs scienti non fieret dolus.*

11 La seconde exception est au cas de l'Edict des Ædiles Romains, esquels le vendeur est tenu de declarer les vices de la chose, comme en matiere de serfs & de cheuaux, *vitia animi, non corporis aperienda sunt:* en matiere de maisons, faut declarer si elles sont contagieuses, autrement la chose venduë est sujete à redhibition, ou à l'action estimatoire *Quanti minoris*, soit que le vendeur sceust le vice, soit qu'il l'ignorast, *l. 1. §. caus. ff. de Ædil. edi.* il est vray que le sçachant il est tenu aux dommages & interests, comme il a esté dit, autrement non; mais pour le regard de l'acheteur, s'il sçauoit ou pouuoit sçauoir le vice (comme quand il estoit visible) il est exclus de la redhibition *l. Quæritur. §. vlt. ff. eod. tit.*

12 Aucuns ont tellement étendu cét Edict des Ædiles, qu'ils ont dit que le vendeur estoit tenu en toutes especes de marchandises de declarer le vice, pource qu'encore que

l'Edict ne parle que des serfs & des cheuaux, *pertinet tamen ad venditiones non tantùm mancipiorum, sed cæterarum quoque rerum. l. 1. & l. Sciendum. 2. eod. tit.* Qui seroit renuerser entierement nostre maxime : mais il est vray, qu'il n'y a que les vices exprimez, ou par l'Edict, ou par les loix des Iurisconsultes sur l'interpretation d'iceluy, qui donnent lieu à la redhibition: encore en France cét Edict des Æ diles n'est pas gardé exactement : car nous tenons qu'il n'y a que deux ou trois vices qui rendent les cheuaux redhibitoires, à sçauoir la morve, la pousse & en quelques Coust. la courbature, dont il y a vn tres-bel article en la Coust de Sens, §. 260. *Vn vẽdeur de cheuaux n'est tenu des vices d'iceux, excepté de morve, pousse & courbature, sinõ qu'il les ait vẽdus sains & nets: car en ce cas il est tenu de tous vices apparẽs, & non apparens.*

13 Ce qui découure la troisiéme exception, à sçauoir quand par clause ou paction expresse l'acheteur s'est soûmis à garantie. C'est l'exception que donne la loy *alienatio. de contr empt. Nisi aliud nominatim constitutum sit.* & la loy *Si nomen. D. de hær. & act. vend. Nisi aliud conuenerit.*

14 Car il y a & au droict Romain & en France des clauses particulieres pour s'obliger à la garantie de fait, selon la diuersité des choses venduës: *In fundo vendito*, la clause est *Vti optimus maximusque sit. l. Cùm venderes. ff. de cont. empt. l. pen. ff. de euict. l. Qui vti. de verb. signif. In nomine vendito, Bonum nomen esse, Idoneum ac locupletem debitorem esse, Nomen exigi posse,* comme il sera cy-apres remarqué. *In seruo, pro vitijs quæ edicto non præstantur, Frugi esse ac fidum. l. Iulianus. §. quod autem. ff. de act. empt. In cæteris denique rebus, Vt* BONIS CONDITIONIBVS *vendantur. l. Actioni. ff. de ædil. edict.*

15 De mesme en France en matiere de cheuaux on les vend *sains & nets*; en matiere de debte ou rente, *on promet la faire bonne*; en bled, ou telle autre marchandise; *La liure bonne, loyale & marchande*: & generalement en toute autre chose, quand on se veut obliger à la garantie de fait, on promet *la garantir*, ou bien *on la vend auec garantie*: & quand ces clauses sont apposées ou proferées en la vente, le vendeur est tenu du vice de la chose, encore que luy mesme l'ait ignoré. *l. Iulian. §. quod autem. ff. de act. empt.*

16 Au contraire, il y a des clauses & au droict Romain, & à nous, pour s'exempter de cette garantie, au cas que l'on y fût tenu, ou suiuant l'Edict des Æ diles, ou autrement; à sçauoir, quand on exprime au contract, *Rem qualis est venire. l. Si plus. §. vlt. ff. de eui.* que nous disons *vendre la chose telle & en tel estat qu'elle est*, ou *vendre tout & tel droict que l'on a en icelle*. Et aux maisons ou terres on dit, *Quo iure, quaque conditione ea prædia L. Titij sunt hodie, ita veneunt. l. vlt. §. vlt. ff. de act. empt.* que nous disons, *Ainsi qu'ils se poursuiuent & comportent, & que l'acheteur a dit bien sçauoir & connoistre.*

17 Aussi en matiere de cheuaux, & autres tels animaux redhibitoires, on dit *qu'on les vend à la queuë*, c'est à dire, auec la queuë, exprimant, à mon aduis, la plus vile partie, pour se décharger de la garantie du tout: ainsi qu'à Rome *serui venibant cum pileo, seu pileati*, quand on ne les vouloit garantir, comme recité Aule Gelle. Et en toutes autres choses, pour se décharger de la garantie de fait, on dit, *vendre à toutes risques, à tous hazards*, ou *acheter à ses perils & fortunes*, que Plaute *in Persa* a dit, *periculo suo emere.*

18 Il y a encore vn autre beau terme au droict, qui merite bien d'estre expliqué ; c'est *Auersione emere*, ou selon aucuns *Aduersione*, qu'ils expliquent, *aduersos casus in se recipere, vel casus fortuitos à se auertere. Res auersione empta*, dit Modestin, *si non dolo venditoris factum sit, ad periculum emptoris pertinebit, etiamsi assignata non sit, i. tradita. l. Qui officij. §. vlt. ff. de contr. empt.* Ainsi l'interpretent Budée & Conan, en cela seulement contraires, que l'vn lit *auersione*, l'autre *aduersione*. Mais qui y prendra garde de plus prés, trouuera que Cujas a plus approché de la verité, disant que *Auersione emere*, signifie ce que nous disons *Acheter en bloc & en tasche*, c'est à dire acheter d'vn seul prix plusieurs choses ensemble, sans compte, sans poids & sans mesure, que Valens en ses Nou. dit *in aggere*. & consequemment, *Opus auersione locare*, c'est *faire marché de la besogne en bloc & en tasche, non point à la iournée ny à la toise:* aussi en la loy *Opus. ff. loc. opus auersione locatum*, est opposé à *opus quod in pedes mensurasque præstatur.* De mesme, *Vinum auersione vendere.* en la loy 4. §. 1. *ff. de per. & com. rei vend.* ce n'est pas comme aucuns pensent, vendre du vin en gros, mais c'est le vendre en bloc, c'est à dire, sans compter combien de pieces, ou quelle quantité il y en a.

19 Cujas dit que *Auersione emere*, se dit en Grec κοπτῷ, ce qui me fait souuenir de nostre terme vulgaire, *faire vne quote mal taillée*, qui est dit par vne allusion assez absurde de *quote à cotte*. Tant y a que *auersione emere* vient de ce que quand on fait tels marchez à tous hazards, & en bloc, *auertitur animus*, & on ne s'arreste pas à compter, nombrer, mesurer, ou autrement controller ce que l'on achete. Aussi en la loy *Qui officij. §. vlt.* il est dit, *res in aduersione empta*, selon la lecture vulgaire: & pour cette occasion, on tient qu'en tels marchez il n'échet aucune garantie ny redhibition.

DE LA GARANTIE DE DROICT ET DE FAIT, DES DEBTES ou rentes venduës.

SOMMAIRE TROISIESME.

1 *Quelle garantie est deuë, par la propre nature du Contract de vente, d'vne debte ou rente.*
2 *Tout vendeur doit regulierement garantir trois poincts.*
3 *La subsistance de la chose venduë doit estre garantie aux choses incorporelles.*
4 *Si la garantie de fait est deuë par la propre nature du Contract de vente d'vne debte, ou d'vne rente.*
5 *Quelle garantie de fait est deuë en la simple assignation de debte.*
6 *En l'assignation simple le cedant peut tousiours receuoir la debte.*
7 *Quelles actions passent au cessionnaire en la simple assignation de debte.*
8 *Qu'il n'echet aucune garantie de fait en la delegation.*
9 *Quelle garantie de fait échet en la vente de debte, ou rente.*
Opinion de Barthole refutée.
10 *Si la clause* Garantir de tous troubles, *comprend la garantie de fait.*
11 *Opinion negatiue refutée.*
12 *Opinion affirmatiue, & raisons d'icelle.*
13 *Opinion moyenne.*
14 *Raisons de l'opinion moyenne, que la clause de* Garantir, &c. *charge le cedant de la soluabilité du debiteur au temps du transport seulement.*
15, 16, 17, 18, 19. Garantir *se peut étendre proprement à la garantie de fait.*
20 Nulla videtur esse actio, quæ inanis est.
21 *La pauureté est vn empeschement de payer.*

CHAPITRE III.

POVR donc adapter tout ce qui a esté dit cy-dessus à la garantie des rentes, il est certain, pource qui concerne l'euiction ou garantie de droict, que quiconque vend vne debte ou vne rente, est tenu de garantir qu'elle est deuë & legitimement constituée, encore qu'il n'y ait aucune stipulation d'euiction ou promesse de garantie au contract.

2 Car en tous Contracts de vente indistinctement le vendeur est tenu de trois choses par la nature du Contract pour exclure le recours de garantie : premierement, que la chose soit & subsiste; secondement, qu'elle luy appartienne; en troisiéme lieu, qu'elle ne soit engagée ny hypothequée à autruy: & l'vne de ces trois conditions manquant, l'action de garantie a lieu.

3 Il est vray que cette premiere condition, que la chose soit & subsiste, paroist dauantage, & est plus remarquable en vente de debtes ou rentes, qui n'ont pas leur estre visible & palpable, comme les autres biens meubles & immeubles. Si donc la rente n'est point deuë par effet, si elle n'appartient point au cedant, si elle est hypothequée à d'autres debtes, le vendeur en est tenu; encore qu'il n'ait point promis de garantie.

4 Mais la difficulté gist en la garantie de fait. Donc pour sçauoir si le cedant d'vne rente est tenu par la nature du Contract, & sans clause particuliere de garantir la bonté & soluabilité de la rente; il faut distinguer trois diuers cas, ou pour mieux dire, trois diuers degrez de cessions de debtes: à sçauoir, la simple assignation, quand le debiteur assigne son creancier sur vne debte, qui luy est deuë par vn autre; la vente d'vne debte, quand l'on achete ou prend en payement vne debte, & la delegation, quand le creancier accepte & prend pour homme le debiteur de son debiteur & se le fait obliger.

5 En la simple assignation de debte, qui est fort ordinaire en France, principalement entre les financiers, & qui est fort peu pratiquée à Rome, il est certain que le cedant demeure chargé de l'insuffisance du debiteur, & du hazard de la debte, soit pour le temps present, soit pour le futur; parce qu'il demeure tousiours Seigneur de la debte, qui n'est point acceptée par le cessionnaire, sinon entant qu'il s'en pourra faire payer. *Demonstratum est vnde accipere possit, & ideo præstari debet. l. Paul. §. vlt. de l.* 3.

6 Aussi en telle assignation, le cedant peut luy mesme poursuiure & receuoir le payement, sinon en trois cas; à sçauoir quand le cessionnaire a contesté en cause auec le debiteur, ou quand il a receu de luy vne partie de la debte, ou bien qu'il luy a denoncé qu'il ne payast à autre qu'à luy-mesme: c'est ce que dit la loy 3. *Cod. de nouat. & de leg. Si delegatio non est interposita debitoris tui, ac propterea actiones apud te remanserunt, quamuis aduersus eum creditorē tuo mandaueris actiones, tamen antequam litem contestetur, vel aliquid ex debito accipiat, vel debitori tuo denunciauerit, exigere ipse debitum non vetaris, & eo modo creditoris tui exactionem contra eum inhibere.* Qui est la seule loy auec la *l. 1. Cod. de oblig. & act.* qui parle de l'assignation

de debte ; & faute de les auoir bien entenduës, les Interpretes son tombez en de grandes absurditez sur la conciliation des loix, qui parlent de la translation des actions directes ou vtiles, bien que cette matiere se resolue en trois propositions assez claires.

7 A sçauoir qu'en la simple assignation de debte, nulle action ny directe, ny vtile n'est transferée à l'assigné, & ne luy appartient de son chef, sinon qu'il a l'action vtile, au cas de cette loy 1. *de obl. & act.* Hors ce cas, il peut seulement intenter au nom de son cedant l'action directe, si elle luy a esté cedée, ou bien expressement, *vt in d. l. 3. de nouat. in pr.* ou du moins tacitement, par la tradition de l'obligation ou cedule. *leg. vlt. Cod. de pact. conu. l. 1. & ibi Bald. Cod. de donat.* que les anciens Praticiens disent *faire porteur de lettres.* En la vente de la debte, l'acheteur a seulement de son chef les actions vtiles: & les directes du chef de son vendeur, par cession expresse, & non autrement. *l. vlt. Cod. quando fiscus vel priuat. &c.* Bref, en la delegation, le cessionnaire a de son chef toutes les actions, sans qu'il en reste plus aucune au cedant. *l. 2. Cod. de nouat. & de leg.*

8 Et pour reuenir à nostre poinct, il est aisé à entendre, qu'en la delegation de debte c'est tout le contraire qu'en la simple assignation. Car dautant qu'il y a nouation expresse de la premiere obligation, qui est transfuse en la seconde, du consentement des trois parties, à sçauoir du cedant, du cessiõnaire, & du debiteur, qui tous trois doiuent necessairement assister à la delegation. *l. vltim. Cod. de nouat.* il est sans doute, que tout le peril de la debte tombe sur le cessionaire, mesme pour le temps precedant la cession. C'est ce qu'adjouste la mesme loy 3. *De nouat. Quod si delegatione facta tu liberatus es, frustra vereris ne eo quòd quasi à cliente suo creditor non facit exactionem, ad te periculum redundet, cùm per verborum obligationem voluntate debitoris interposita, debito liberatus sis.* Aussi c'est en ce cas que Paulus a dit que *Bonum nomen facit, qui admittit debitorem delegatum. l. Inter causas § abesse. ff. mandat.*

9 Mais il peut y auoir du doute en la pure vente d'vne debte qui se fait sans nouation en l'absence du debiteur, & sans aussi qu'il soit déchargé expressement enuers le vendeur, ny obligé enuers l'acheteur. Car Bart. *in leg. Pupilli. §. soror. D. de solut.* tient que le peril present de la debte appartient au vendeur, mais que le peril futur est au dommage de l'acheteur, comme c'est vne regle generale en toutes ventes, & il allegue à ce propos la loy *Si cùm dotem. §. si mulier. D. sol. matr* Toutefois le cõtraire est expressement decidé par Vlp. *Si nomen sit distractum, Celsus scribit locupletem debitorem non esse præstandum: debitorem autem eum esse debere præstari, nisi aliud conuenit. leg. Si nomen. D. de hær. vel act. vend.* Dont la raison est renduë en la loy *Promittendo. §. si à debitore. vers. quòd si. D. de iure dot. periculum emptoris esse, quia sciens tale nomen secutus videtur, quale in obligatione fuerit.* Ce qui reuient à ce que nous auons dit, que la garantie de droict est deuë, bien qu'elle ne soit promise ; mais que la garantie de fait n'est point deuë, si elle n'est promise.

10 D'où resulte vne plusgrande difficulté, à sçauoir quand la clause de *Garantir de tous troubles & empeschemens quelconques*, est apposée au Contract de vente d'vne debte ou d'vne rente ; si le vendeur est tenu de cette garantie de fait, c'est à dire, de garantir, qu'elle est exigible & preceptible ; qui est ce que nous disons en droict, *Non solùm debitum subesse, sed etiam debitorem soluendo esse.*

11 Aucuns tiennent que nonobstant la promesse de garantie, & comme si elle ne seruoit de rien, le vendeur & garant n'est point tenu, *præstare locupletem debitorem* ; disans qu'il ne faut pas que la clause de garantie opere plus és rentes qu'és autres ventes ; & principalement se fondans sur les loix, *Si nomen. de hær. vend. & l. Si plus. §. vlt. ff. de euict.* Mais elles parlent (comme nous auons dit) quand il n'y a aucune promesse de garantie au Contract. La loy *Si nomen* dit nommément *Nisi aliud conuenit; secus ergo si aliud euenit, videlicet si nominatim promissa est euictio:* & la loy *Si plus*, dit, *si nomen quale est veneat; aliud igitur, si non quale est*, comme quand il y a promesse de garantie. Ils se fondent aussi sur ce que si vne heredité est venduë, encore qu'il n'y ait aucuns biens, mesme qu'elle soit onereuse, *modò sit hæreditas*, quelque promesse de garantie que l'on ait faite, l'on n'a point de recours cõtre le vẽdeur *l. 1. C. de euict.* Mais en vn mot il y a grande difference de vendre vne heredité (*quod nomen iuris est, qu que sine re esse potest, inquit Ambros.*) enfin qui n'est liquide ny certaine ; & vendre non vne action ou vn procez, mais vne debte d'vne somme certaine & liquide.

12 Autres tombans d'vne extremité en l'autre, tiennent indistinctement, que quand il y a promesse de garantie, le vendeur est tenu de l'insoluabilité du debiteur, encore mesme qu'elle suruienne apres le Contract de vente. Et il semble d'abord que cette opinion approche en quelque façon du sens & intelligence commune : car qui garantit vne rente, semble s'obliger à la faire bonne, c'est à dire, exigible & perceptible. Par ce moyen ils confondent la clause de *fournir & faire valoir* auec celle de *garantir*: comme aussi la stipulation de droict, *Habere licere*, qui semble se raporter à *fournir & faire valoir*, estoit sans doute le vray & essentiel formulaire de la stipulation d'euiction.

13 Mais parce que cette opinion se refute d'elle mesme, & sera cy-apres refutée plus à propos, quand il sera parlé de *fournir & faire valoir*, ie viendray à la troisiéme opinion, qui

me semble la plus vraye & la plus equitable, à sçauoir, que la clause de garantie en vne cessiõ de debte ou de rente, opere que le cedant est tenu de l'insoluabilité du debiteur, qui estoit lors du contract, mais non du peril & insuffisance qui pourroit suruenir par apres.

14 La raison est aisée; que comme en toute autre chose, aussi en vne rente le peril precedent le contract est au dommage du vendeur, & le subseqent de l'acheteur, *l. Necessario in pr. ff. de per. & comm. rei vend.* Il est vray que s'il n'y auoit promesse expresse de garantie, il sembleroit que l'on eust entendu vendre la debte telle qu'elle estoit, ainsi que nous auons dit: mais quand il y a expresse stipulation de garantie, telle presomption & consideration cesse.

15 Car nous auons dit que le mot François *Garantir*, comme plus significatif que le Latin *euictio*, s'adapte, & selon son etymologie, & selon son vsage, tant à la garantie de fait, que de droict; tout ainsi que le terme Latin, *Præstare*. Et encore qu'il y ait vn terme particulier pour signifier la garantie de fait, qui est *Pleuuir*, si est ce que puis que les Notaires ny les Praticiens ne l'ont encore authorisé, il faut tousiours, en ce qui est de leur estat, se seruir du mot *Garantir*, en l'vne & l'autre signification. Aussi quand l'Autheur de la Somme Rurale definit la garantie, il dit, *Garantie est quand par la coulpe du vendeur ou de son temps seroit aduenu le dommage sur la chose vendue*: qui est bien pour monstrer que la garantie signifie aussi bien le fait que le droict.

16 Et à vray dire, *Garantir vne rente*, qu'est-ce autre chose sinon *la faire bonne*? Or *bonne*, c'est à dire bien payable & perceptible; que l'on dit en Latin; *Bonum nomen. l. 1. ff. ad Senat. Maced. l. Intercausas §. abesse. ff. mandati.* Et n'y a homme qui ait le iugement naturel bon qui l'interprete autrement: & il est à croire que tous ceux qui mettent cette clause en leurs contracts, pensent que cette charge & obligation y est entenduë.

17 Et si ainsi est que le Garant soit appellé en droict βεβαιώτης ἢ αὐθέντης, parce qu'il stabilite & confirme le contract, & en Latin *Auctor, quòd augeat primam obligationem*; comment pouuons-nous dire que cette clause celebre & solennelle de *Garantir de tous troubles & empeschemens quelconques*, soit du tout inutile & frustratoire? principalement puis que par vne douce & naïfue interpretation, sans forcer ny les termes de la clause, ny l'intention des parties, ny l'equité naturelle, on luy peut attribuer vn effect & signification notable. Consideré aussi la maxime de Balde, *in rub. C. de contr. empt.* que *contractuum verba, maximè ea quæ sunt solemnia potius improprianda sunt, vt aliquid operentur.*

18 Car encore que nous ayons dit qu'aux contracts de vente d'heritages cette chause ne sert regulierement de rien, parce que tout ce qu'elle peut operer est deu par la propre nature du contract de rente; nous auons aussi prouué par apres, que quand on peut adapter cette clause à quelque effet, qui de soy ne dépend du contract, elle n'est alors inutile; comme en la donation, en la vente faite par le procureur & par le creancier, en la vente d'Offices, & de la chose que l'acheteur sçauoit appartenir à autruy.

19 Et puis que le Iurisconsulte à dit que la raison pour laquelle le mary ayant pris en dot vne debte deuë à sa fême, est tenu de porter le peril d'icelle, estoit, *quia sciens tale nomen secutus videtur, quale in obligatione fuisset. l. In promittendo. §. 2. D. de iur. dot.* il s'ensuit, *à contrario*, que *si videri non possit tale nomen secutus fuisse*, comme quand il s'est voulu asseurer de la garantie, il ne sera pas tenu de porter le peril present de la debte. Pareil argument se peut tirer des deux loix cy-dessus alleguées, *l. Si nomen. & l. Si plus.*

20 Outre tout cela, quelle apparence y auroit-il qu'en vn contract de bonne foy le vendeur eût l'argent de l'acheteur, & l'acheteur n'eût rien que du papier, c'est à dire, vne debte nullement payable? qui est la raison de la loy *Emptorem de act. empt.* principalement quand l'acheteur s'est voulu asseurer d'vne promesse speciale de garantie, qui exclud toute presomption qu'il ait entendu prendre la debte à ses perils & fortunes. Car puis que les mots doiuent estre entendus auec l'effet, il est certain qu'à le bien prendre, ce n'est pas vne vraye debte, qu'vne debte imperceptible. *Nam is nullam videtur habere actionem, cui propter inopiam aduersarij inanis est actio.* C'est ce que dit le Poëte:

Sexte, nihil debet, nil debet, Sexte, fatemur.
Debet enim si quis soluere, Sexte, potest.

Et Cajus, *Debitor is est, inquit, à quo inuito exigi pecunia potest. l. Debitor. de verb. sig. Et Paulus. Cuius debitor soluendo non est, tantum habet in bonis, quantum exigere potest. l. Pretia rerum. §. cuius ad legem Falcid.*

21 Or comme *inanis actio redditur vel exceptione iuris, vel exceptione facti*, comme parlent les anciens Interpretes; entendans la pauureté, *per exceptionem facti*: & puis que d'ailleurs il est certain, que *exceptiones iuris faciunt locum euictioni etiam non promissæ, in vẽditione nominis. l. Et quidem. D. de hær. vel act. vend.* sans doute, il est equitable que l'exception de pauureté engendre vn recours de garãtie, quand elle a esté stipulée precisement. En quoy il semble n'y auoir plus de difficulté, puis que les propres termes de cette clause s'y accommodẽt naïfuemẽt. Car quãd l'on promet *Garãtir de tous troubles & empeschemẽs quelconques*, il s'ẽsuit que l'õ

promet garantir, tant des empeschemẽs de fait que de droict, & consequemment de l'empeschement de pauureté ; qui est le vray empeschement ou exception de fait, & qui est bien le plus grand empeschement qui puisse estre : ἰσχυρὸν γὰρ ὅπλον ἀκτημοσύνη καὶ ἀκαταγώνιστον καταγώγιον, dit S. Iean Chrysostome, ὁμιλ. περὶ πλούτου καὶ πενίας.

22 Comme aussi c'est sans doute que ces mots, *De tous troubles & empeschemens quelconques*, sont adioustez apres le mot, *Garantir*, pour oster son homonymie, & l'accommoder à toutes ces deux significations, c'est à dire à la garantie de fait & de droict: & partant, *Garantir de tous troubles & empeschemens quelconques*, signifie clairement par ce terme vniuersel redoublé, garantir tant des empeschemens de fait que de droict. Puis donc que la raison, l'intelligence commune, l'equité naturelle, & la propre interpretation des termes de cette clause, & l'absurdité qui en resulteroit autrement, concourent en cette exposition, ie ne doute nullement qu'elle ne soit veritable.

DE LA CLAVSE, *FOVRNIR ET FAIRE VALOIR*, ET SI ELLE requiert discussion.

SOMMAIRE QVATRIESME,

1 *Proposition.*
2 *Que cette clause est fort ancienne.*
3 Habere licere, quid?
4 Fournir & faire valoir *est plus que* habere licere. *Trois opinions sur l'importance de cette clause*, Fournir & faire valoir.
5 *Premiere opinion, que la clause* Fournir & faire valoir, *requiert entiere discussion.*
6 *Deuxiéme opinion, qu'elle requiert discussion, mais ne charge le cedant de l'insuffisance d'apres le transport.*
7 *Troisiéme opinion que* Fournir & faire valoir, *importe que la rente soit payable en tout temps.*
8 *Pourquoy l'Autheur suit cette opinion.*
9 *Deux questions naissantes de ces trois opinions.*
10 *Interpretation de ce mot* Fournir.
11 *Interpretation du mot &* Faire valoir.
12 *A quelles clauses du droict Romain correspond celle de* Fournir & faire valoir.
13 *Qu'elle requiert discussion.*
14 *Denombrement de tous les fideiusseurs reconnus au droict.*
15 *Si les fideiusseurs du droict estoient tenus sans discussion,*
16 *L'ancien droict.*
17 *Le droict des Digestes & du Code.*
18 *Le droict des Nouelles.*
19 *Qu'au droict des Digestes & du Code il y auoit deux degrez de fideiusseurs.*
20, & 21 *Des fideiusseurs subsidiaires.*
22 *Conclusion que celuy qui a promis* Fournir & faire valoir, *n'est tenu qu'apres discussion.*

CHAPITRE IV.

1 YANT expliqué la clause de *Garantie*, & ayant amplemẽt prouué qu'elle charge le cedant de l'insuffisance de la rente au temps du transport, reste d'expliquer les deux autres clauses de la garantie des rentes cedées, dont l'vne qui est *Fournir & faire valoir*, concerne l'asseurance de la rente pour l'aduenir; l'autre qui est de *payer soy-mesme au defaut du debiteur*, la facilité de conuention.

2 Quant à la clause de *fournir & faire valoir*, elle n'est pas inuentée depuis peu de temps, comme beaucoup pensent. Car outre qu'elle se trouue en l'article 189. de l'ancienne Coustume de Paris, redigée en l'an 1510. l'Autheur du grand Coustumier & Instruction de pratique qui a écrit pendant le regne de Charles VI. il y a bien deux cens ans, la raporte en deux endroits de son œuure, à sçauoir au liure 2. chapitre 34. & au liure 3. chap. 25. où il en parle comme d'vne clause toute ordinaire aux contracts de rente: & mesme Guy Pape fait mention de cette clause en sa question 8. rapportant vn Arrest de Grenoble de l'an 1434.

3 Il semble d'abord, que cette clause se rapporte à la formule Romaine, *Habere licere*, dont on vsoit en la stipulation d'euiction, & qui signifioit *Curari oportere & perfici vt emptori habere liceret. Habere autem, plenum verbum est, & significat dominium, fructum, possessionem & detentionem obtinere.* Il est vray qu'en la stipulation d'euiction *Habere, non significat dominium*, mais seulement *vt detinere rem sine interpellatione liceat. l. Habere. ff. de verb. sign.* Car il y a trois termes notables au droict, que l'on joint volontiers ensemble, *Habere, tenere, possidere. In formula Aquilianæ stipulationis. Quod tu meum habes, tenes, possides. Plin. epist. 2. Totum me tenet, habet, possidet.* Donc *tenere, proprium est naturalis possessionis; possidere, ciuilis. Theop.* Κρατεῖν ἐστὶ φυσικῶς κατέχειν, νέμεσθαι δὲ τὸ ψυχῇ δεσπόζοντος κατέχειν. *Habere autem vtrumque comprehendit.*

4 Mais les termes de *Fournir & faire valoir*, bien qu'ils imitent *Habere licere*, si est-ce qu'ils

ne s'y rapportent pas directement, mais sans doute ils ont plus d'emphase selon le son, & aussi plus d'energie selon l'vsage, comme il sera obserué cy-apres; principalement quand on y adiouste ces mots, *tant en principal qu'arrerages*. Comme donc nous auons apporté trois diuers aduis sur l'effet de la clause de *Garantir*, aussi consequemmẽt il y a trois opinions touchant la clause de *Fournir & faire valoir*, à cause que plus ou moins on donne de force à la premiere clause, plus ou moins aussi on en atribuë à la seconde.

5 Ceux qui sont d'aduis que par la promesse de garantie, le vendeur est tenu de l'insoluabilité suruenuë au debiteur apres le Contract, disent que par la clause de *Fournir & faire valoir*, il est obligé de payer luy-mesme, en cas que l'acheteur, apres auoir attendu quelque temps suffisant selon l'arbitrage du Iuge, & apres auoire fait quelque legere discussion, ou plustost quelques diligences à l'encontre du debiteur, ne puisse tirer payement de luy; de sorte qu'à leur dire *Fournir & faire valoir*, implique la troisiéme clause de *payer soy mesme*, qu'ils disent n'estre adioustée que par vn langage superflus des Notaires, pour expliquer plus clairement la clause de *Fournir & faire valoir*. Qui est l'opinion que l'on dit auoir iusques-icy esté tenuë au Chastelet, & sẽble que du Molin le tienne au Traité des Vsures, question 26. en ces mots: *Si cedens reditum promittit non solum euictionem iuris, sed etiam facti, videlicet debitorem fore soluendo, idem est ac si venditor ipse ad continuationem reditus se obligaret.* Mais qui verra le passage tout au long & à loisir, entendra bien que ce n'est pas son intention.

6 Ceux qui tiennent l'opinion toute contraire, à sçauoir que la simple promesse de garantie n'opere rien non plus en matiere de rentes qu'aux autres choses venduës, & qu'elle n'oblige le vendeur à garantir que le debiteur soit soluable, mesme lors du Contract, disent consequemment que par la clause de *Fournir & faire valoir*, le vendeur est tenu de l'insoluabilité du debiteur precedent le Contract de vente, mais non de celle qui peut furuenir par apres. Et à la verité il y a de grandes raisons pour cette opinion, qui est celle que tient ce docte personnage Autheur du Traité de *Fournir & faire valoir*.

7 La troisiesme opinion est de ceux qui estiment que quand le vendeur d'vne rente a promis la garantir de tous troubles & empeschemens quelconques, il est tenu la faire bonne & perceptible lors du Contract, qui est la garantie de fait. Et partant ils soustiennent que quand il a promis en outre la *Fournir & faire valoir tant en principal qu'arrerages*, il est tenu garantir qu'elle soit bonne & exigible, mesme apres le Contract, & en quelque temps que ce soit, iusques au racquit & amortissement. De sorte que le debiteur estant vne fois approuué insoluable par vne discussion exacte de tous ses biens, l'on peut auoir recours contre le vendeur, & le contraindre desormais à payer & continuer la rente. Et à la verité, s'il est ainsi que la clause de *Garantir* rend le vendeur tenu du peril present de la debte, cette clause signalée de *Fournir & faire valoir*, seroit entierement sans effet, si elle ne le rendoit responsable du peril futur.

8 Cette opinion comme metoyenne entre les deux autres, comme aussi la plus commune, & qui a esté tenuë iusques icy au Palais, m'a tousiours semblé la plus vraye; & ie ne m'en suis pû éloigner, ny pour la creance extreme que i'ay au sçauoir & jugement de celuy qui est reputé l'Autheur de ce petit Liure, ny pour les raisons y conten uës, ausquelles ie cheray de répondre apres auoir confirmé la commune opinion.

9 Donc de la diuersité de ces trois opinions, il resulte deux questions; l'vne, de sçauoir *Si le cedant qui a promis fournir & faire valoir la rente, est tenu d'icelle directement, ou apres discussion seulement*; l'autre, *s'il est tenu de l'insuffisance suruenuë au debiteur apres son transport.*

10 Or puis que ces deux questiõs dependent principalemẽt de la valeur & proprieté des termes de cette clause, il faut expliquer ce que signifient ces termes de *fournir & faire valoir, tant en principal qu'arrerages*, qui sont totalement François, non tirez ny empruntez du Latin, mais possible aucunement imitez. *Fournir* signifie quelque chose de plus, que *bailler*; car *fournir* c'est suggerer & bailler ce qui manque, comme *fournir de soldats vne compagnie*, que l'on dit *legionem supplere: fournir des materiaux à vn Architecte, fournir vn homme de viures & d'habits, fournir la complainte, fournir vn payement*, c'est à dire, acheuer ce qui manque. Donc *fournir vne rente*, ce n'est pas la bailler & ceder simplement, ce n'est pas aussi la payer simplement, mais c'est, la payer au defaut du debiteur d'icelle, c'est à dire, suppléer & acheuer ce qu'il ne pourra payer. C'est donc en effet *præstare quanto minus à reo exigi possit*, qui estoit le formulaire aucien de l'obligation des fideiusseurs subsidiaires, *leg. Si decem. ff. de solut. leg. Decem. ff. de verb. obl. leg. Si ita de verb. signif.*

11 Pareillement *de promettre faire valoir*, c'est se charger de rendre la rente bonne & valable, car le mot de *faire* a vne grande emphase, & se rapporte directement au terme Latin, *præstare*, dit Budée, *est in se recipere, suo periculo esse velle & fide sua esse iubere futura rei euentum, vt præstare culpam, præstare vitium rei venditæ, præstare euictionem, hoc est, in se recipere*: ce que nous disons proprement en François *prendre sur soy*: & ce mot *valoir* signifie indubitablement, *bonum esse*: donc *promettre faire valoir vne rente*, c'est prendre sur soy qu'vne rente soit bonne, c'est à dire, qu'elle soit exigible & perceptible, ainsi que ce mot est pris en la loy 1. *ff. ad Senat. Maced.*

12 Et par consequent il s'ensuit que cette clause se raporte aux formules du Droict Romain *bonum nomen fore, debitum exigi posse, debitorem fore soluendo.* il est vray que les Iurisconsultes les conceuoient au temps present, non au temps futur; tant parce qu'ils n'en auoient pas besoin au futur, ainsi qu'il sera tantost dit, qu'aussi parce que tranchant leur resolution par vne negatiue, quand ils ont dit que celuy qui vend purement & simplement vne debte, *non præstat debitorem soluendo esse*, il n'estoit à propos d'vser du temps futur: car vne negatiue indistincte s'exprime par le temps present; & decidant que le vendeur n'estoit tenu, si le debiteur estoit insoluable au temps present, à plus forte raison le mesme s'ensuiuroit, s'il deuenoit insoluable par apres.

13 Ces mots donc *fournir & faire valoir*, emportent tout ensemble *& bonum nomen præstari, & præstari quanto minus à reo exigi possit*; qui est en effect rendre le vendeur comme fideiusseur du debiteur. *Decem stipulatus*, dit Papinian, *à Titio, postea quanto minus ab eo consequi posses, si à Mæuio stipuleris, sine dubio Mæuius periculum potest subire. Non enim sunt duo rei Titius & Mæuius; sed Mæuius sub conditione debet, si à Titio exigi non poterit. Igitur nec Mæuius pendente stipulationis conditione potest conueniri; à Mæuio enim ante Titium excussum non rectè petetur. l. Decem. ff. de verb. oblig.* Ce qui refute en passant la premiere opinion sur l'interpretation de cette clause, & decide clairement que la clause de *fournir & faire valoir*, requiert discussion.

14 Or parce qu'il y a plusieurs sortes de fideiusseurs, il faut éplucher de quelle sorte est celuy qui a promis *fournir & faire valoir vne rente*: car ce mot de fideiusseur est vn mot general qui s'accommode à tous ceux *qui alienam obligationem fide sua esse iubent.* Et pour les particulariser, celuy qui a promis *fournir & faire valoir*, ne peut pas estre *mandator*; car *mandator* est celuy qui *actor est, mandatque pecuniam alteri mutuò dari*, & faut qu'il precede & deuance necessairement l'obligation du debiteur principal, *l. Si verò non remunerandi. §. si post creditam. ff. mandati.* Il n'est pas aussi *expromissor*, car c'est celuy qui transfere entierement sur soy l'obligation d'autruy, & descharge le premier debiteur, *siue accedat inutili obligationi, siue vtilem in se transferat. l. Et eleganter. §. seruus ff. de do. l. Si quis accepto. ff. de cond. sine caus.* difficilement pourroit-il estre *sponsor, qui sponte & non rogatus intercedit*, dit Festus & Alciat *in parerg.* Mais il pourroit bien estre *constitutor, siue constitutæ pecuniæ reus, vt in l. Quidam ff. de const. pec.* à sçauoir celuy qui sans stipulation solennelle, & hors le contract promet payer pour autruy, que Iustinian appelle ἀντιφωνητὴν, *Nou.* 4. c'est à dire celuy qui parle pour vn autre. Il pourroit encore plustost estre *adpromissor*, à sçauoir celuy qui *ex interuallo accedit iam constitutæ obligationi l. 1. §. satis acceptio ff. de verb. oblig.* selon la vraye lecture. Mais sur tout il approche fort du βεβαιωτὴς de Iustinian, *Nou.* 1. qui est tourné en Latin *secundus auctor, vel confirmator*, qui est le pleige de la garantie, *fideiussor ob euictionem acceptus*, comme Vlpian l'explique, *l. 4. ff. de euict.* & celuy là s'oblige qu'vn autre sera garant soluable & suffisant.

15 Voila les noms & les especes de fideiusseurs reconnus au Droict Romain, voyons maintenant quelle obligation ils subissoient, & s'ils estoient tenus directement & de haute lutte ou bien seulement apres discussion du principal debiteur; en quoy il faut distinguer trois diuers temps, ou pour mieux dire, trois mutations de droit.

16 Car premierement par vne vieille loy, que nous n'auons point, & dont la Nou. 4. fait mention, que Cujas a opinion auoir esté des douze Tables, le fideiusseur n'estoit tenu que subsidiairement apres le debiteur discuté; ce qui s'obseruoit encore du temps de Ciceron, qui en plus de quatre endroits des Epistres *ad Atticum*, (que i'obmets pour euiter prolixité) dit que *sponsores liberantur, si reus sit locuples.* Aussi le fisque & la Republique ont tousiours vsé de ce droit, *l. Moschis. ff. de iu. fisc l. 5. de sent. & interlo. omni. Iud. l. 3. §. vlt. ff. de admin. rerum ad ciuitat. perti. l. Libertus. §. filium ff. ad municip.*

17 Depuis cette ancienne loy fut abolie par vn vsage contraire, comme parle Iustinian; de sorte que du temps des Iurisconsultes & des Empereurs on obserua, que le creancier auoit option de poursuiure lequel il vouloit ou du debiteur, ou du fideiusseur, ou mesme des gages & hypotheques, *l. Qui mutuam. ff. mand. l. 2. 3. 5. 23. Cod. de fideiuss. l. Inter. §. creditor ff. eod. titulo.*

18 Iusques à ce que Iustinian par sa Nouelle 4. remit en quelque façon cette ancienne loy en vigueur, attribuant le benefice de discussion au fideiusseur; qui est le droit que nous gardons maintenant, qui pourtant est quelque peu different de l'ancien Droict; car en l'ancien Droict la discussion competoit au fideiusseur par la propre nature de son obligatiō & de plein droit; de sorte qu'il n'y pouuoit renōcer, ou s'il y renonçoit, il n'estoit plus fideiusseur, mais deuenoit principal debiteur. Mais par cette Nou. la discussion a esté attribuée au fideiusseur par forme d'exception ou de priuilege seulement; à laquelle partant il peut renoncer; sans que neantmoins il se constituë principal debiteur.

19 Or il faut obseruer qu'auparauant cette Nou. & lors qu'on se pouuoit addresser directemēt cōtre le fideiusseur, sans discuter le principal debiteur; parce que tel se vouloit biē obliger subsidiairemēt, qui ne vouloit pas estre tenu sans discussiō, on fut cōtraint de trouuer vne inuētiō pour s'obliger seulemēt apres discussiō, qui fut par le moyē de la clause ou

formule, *Quanto minus à reo exigi posset*, ou bien *Quanto minus ex pignoribus seruari posset*; car en ce cas il faloit discuter le debiteur & les gages, auant que de s'addresser au fideiusseur.

20 De sorte qu'il se trouuera lors deux degrez de fideiussion, à sçauoir le fideiusseur pur & simple, qui se dit en Droict *fideiussor simpliciter acceptus. d. §. creditor. & d. l. Reos. l. 2. de fideiuss. tut.* & le fideiusseur subsidiaire, que les Docteurs appellent *fideiussorem indemnitatis*, qui estoit constitué en deux façons; l'vne, quand cette clause *Quanto minus à reo pignus exigi posset*, estoit exprimée en son obligation; l'autre, quand son intercession estoit conceuë en tels termes, qu'elle impliquoit seulement vne promesse subsidiaire: qui est vne remarque fort notable, dont il y a plusieurs beaux passages dans le Droict, qui faute d'auoir esté bien éclaircis, ont donné beaucoup de peine aux Interpretes.

21 Par exemple, la loy seconde *de fideiussor. tutor.* dit qu'il y a grande difference entre le fideiusseur pur & simple du tuteur & entre celuy qui a promis *Quanto minus à tutore seruari possit*, ou bien qui a promis, *Rem pupilli saluam fore*, pource que le simple fideiusseur est tenu auparauant la discussion, & les autres sont tenus apres discussion seulement. Autre exemple en la loy *Si ita stipulatus 97. §. 1. de verb. obl.* de celuy qui a promis *Titium daturum*, qui n'est que fideiusseur subsidiaire, & n'est tenu que tant que Titius est soluable. Autant en est dit en la loy derniere, *§. vlt. ff. de reb. cred.* & en la loy *illa stipulatio. de verb. obl.* de celuy qui a promis *decem danda curari* De mesme aussi semble estre dit *de fideiussore indemnitatis in l. 2. Cod. Si mater indemnit. promiss. & l. Tutor. ff. ad Velleian. & l. 1. Cod. de conuent. fisc. debit.* Où Bartole passant plus outre, dit, que le fideiusseur d'indemnité, encore mesme qu'il ait renoncé au benefice de discussion, ne peut toutefois estre conuenu auant le debiteur, *quia*, dit-il, *hoc inducit natura obligationis hoc casu, non beneficium fideiussionis.*

22 Cela presupposé, il est aisé à colliger que sans doute le cedant qui a promis fournir & faire valoir la rẽte, n'est qu'vn fideiusseur subsidiaire, & que partant il n'est tenu qu'apres la discussion du debiteur d'icelle; mesme que l'obligation qui resulte de cette clause, n'est que conditionnelle, comme celle *Quantumuis à reo exigi possit, vt in leg. Decem. 116. de verb. oblig. & leg. Si decem ff. de solution.* En quoy il ne faut plus hesiter, pource qu'en beaucoup plus forts termes, la clause de payer soy-mesme a esté iugée sujette à discussion, par l'Arrest prononcé en robes rouges, que ie rapporteray cy-apres au huitiéme Chapitre.

SI FOVRNIR ET FAIRE VALOIR, CHARGE LE CEDANT de la suffisance d'apres le transport.

SOMMAIRE CINQVIESME.

CHAPITRE V.

L'AVTRE question qui se fait sur la clause de *fournir & faire valoir*, est de sçauoir *si le cedant est tenu de l'insoluabilité suruenuë au debiteur apres le trãsport d'vne rente.* Question qui pourra tomber plusieurs fois en controuerse en cette saison; comme quand les rentes se trouueront assignées sur maisons qui ont esté bruslées ou demolies pendant la guerre, ou quand les maisons sont décheuës & fonduës d'antiquité, quand les possessions des frontieres ont esté conquises par l'ennemy, quand les vignes sont mortes, ou en friche; bref, quand pour quelque cause que ce soit les heritages sõt faits de moindre prix & valeur interne ou externe, qu'ils n'estoient lors de la cessiõ, si bien que les plus anciẽs creanciers consomment & emportent tout leur prix: voila pour le peril qui tombe sur les hypotheques. Et quant à la personne debitrice, s'il arriue que tout son bien soit en marchādise, ou en meubles, ou en autres rentes qui par apres luy soient rachetées, & qu'il en consomme & dissipe les deniers, soit par fortune, ou mauuais ménage, sçauoir si en tous ces cas, discussion faite sur le debiteur, on se peut par apres addresser à celuy qui a cedé la rente, & qui l'a promis *garantir, fournir, & faire valoir.*

2 A la verité cette question est toute nostre, & ne se trouue point ny decidée ny traitée aucunemēt dans le Droict Romain, ny par aucun des Interpretes: comme aussi il n'ē estoit pas grand besoin de leur temps, parce qu'ils ne recōnoissoient point de debtes immobiliaires, perpetuelles & successiues, comme sont nos rentes. Et le seul cas qui peut tomber sur cette question au Droict Romain, est quand on auroit vendu vne debte deuë *in diem*, *puta*, écheant trois ans apres la cession; si le debiteur, qui estoit soluable lors de la cession, deuenoit insoluable auant les trois ans expirez, sçauoir si apres qu'il auroit esté discuté, le cedāt ne seroit pas tenu de faire la debte bonne, quand il auroit non seulement promis la garātie d'icelle, mais aussi *bonum nomen esse, & debitum exigi posse*: car cet Autheur demeure d'accord, que *fournir & faire valoir* signifie *bonum nomen esse, & locupletem debitorem esse*, pour le temps present; mais non *bonum nomen fore, & debitorem idoneum fore*, en termes de futur.

3 *Quippe*, si la debte estoit promptement payable, que *purum esset debitum*, on pourroit dire qu'il suffiroit que le debiteur fût soluable lors de la cession, & que s'il deuient par apres insoluable, c'est la faute du cessiōnaire de ne l'auoir fait payer lors qu'il auoit moyen. Et partant il n'est raisonnable qu'il ait recours contre le cedant, lequel n'est tenu de porter sa negligence & mauuais ménage, *l. 1. Cod. de diuid. tut.* Mais cela ne prouient pas de ce que la clause *Debitum exigi posse*, & autres semblables, n'ayent bien trait au temps futur.

4 Au contraire en la debte *in diem, vel sub conditione*, qui ne peut estre demandée *quousque dies vel conditio extiterit*, si entre la cession & l'échange le debiteur deuient insoluable, puis qu'on ne peut imputer aucune negligence au cessionnaire, ie croy indubitablement qu'il doit auoir recours contre le cedant, s'il a stipulé *Nomen exigi posse, & debitorem soluendo esse*: car puis qu'il ne peut exiger la debte auant le terme, on ne peut dire qu'elle soit exigible, sinon au temps qu'elle échet, & si alors elle n'est exigible, pource que le debiteur n'est soluable, on peut dire qu'elle n'a iamais esté exigible, ny deuant le terme, parce que le creancier ne la pouuoit demander, ny apres le terme, parce que le debiteur ne la pouuoit plus payer.

5 Aussi cette questiō semble estre decidée en propres termes en la loy *Promittendo. §. ij. ff. de iur. dot.* qui est fort à propos de nostre principale difficulté: *Si à debitore mulieris, sub conditione dos promittatur, & postea, antequam maritus petere possit, debitor soluendo esse desierit, magis periculum ad mulierem pertinere placet; nec enim videri maritum nomen secutum eo tempore quo, exigi non potuerit.* Donc à plus forte raison faut conclure le mesme, quand il y a stipulation expresse, *Debitum exigi posse, vel bonum nomen esse.*

6 Mais encore il y a beaucoup plus d'occasion d'inferer la mesme conclusion aux rentes perpetuelles, que non pas aux debtes continuelles, *vel in diem*: car la rente est vne debte immobiliaire, qui doit estre plus stable & plus asseurée; vne debte, *inquam*, non pure ny payable à volonté, mais *in diem*, qui échet successiuement quant aux arrerages, & qui n'échet iamais quand au sort, sinon quand il plaist au debiteur. Et partant on ne peut imputer au creancier cessionnaire, s'il n'a contraint le debiteur de la raquiter & amortir lors qu'il estoit soluable. Celuy donc qui promet qu'vne rente est bien payable, puis qu'elle dure perpetuellement, & iusques au rachapt, il faut qu'il la garantisse payable & exigible iusques au rachapt.

7 Car pour quelque sorte d'intercesseur que l'on vueille prendre celuy qui a promis *fournir & faire valoir vne rente*, il est certain que tous pleiges & cautions recōnus en Droict sont tenus de payer la debte toutefois & quantes que le principal debiteur est par vne discussiō prouué insoluable, comme il se collige clairement de cette quatriéme Nou. de Iustinian. Aussi est-ce la vraye cause pour laquelle l'on prend les fideiusseurs, pour fournir & suppléer le payement au lieu des principaux obligez, au cas que par quelque accident ils deuiennent insoluables *sponsor in hoc accipitur, ne creditor in damno sit*, dit Quintilian: & *Qui alios pro debitore obligat, hoc maximè prospicit, vt cùm facultatibus lapsus fuerit debitor, possit ab ijs, quos pro eo obligauit, suum consequi §. vlt. Inst. de replic.* Ce que l'ancien Praticien Boureiller a fort bien exprimé parlant de nostre βεβαιώτης c'est à dire du pleige de garantie: *Dois sçauoir* dit-il *que s'il y a pleige de garantie, & on empeschast l'heritage vendu, & l'acheteur eut denoncé au vendeur afin de garantie, & le vendeur pendant ce fust mort & tombé à pauureté, si qu'il ne peust conduire son marché, sçachez que l'acheteur se pourroit traire au pleige du tout.*

8 Ce qui semble decider nostre question; car si en aucune vente il y a occasion de s'asseurer pour le temps à venir, c'est en matiere de rētes, qui est bien la plus mal asseurée espece de biēs que l'on puisse auoir, quelque precautiō ou asseurance que l'on y apporte, *fœnebris pecuniæ vsus vix vnquam est diuturnus.* Et principalement à la mode de France, où, selon les Extrauagantes *Regimini*, l'on ne peut contraindre le debiteur à raquiter la rēte, quand il tombe

tombe en pauureté, mais il faut auoir cette patience de voir perdre sa rente sans y pouuoir mettre ordre, comme l'experience n'en est que trop commune en ce temps.

9. Aussi n'y a-t'il aucune raison de diuersité, pourquoy vn Fidejusseur soit plustost tenu de l'insoluabilité future du debiteur, que celuy qui a promis *fournir & faire valoir* : car on peut aussi bien dire que celuy qui s'est rendu Fidejusseur pur & simple d'vne rente, n'a promis que la soluabilité du temps present seulement, & non celle du temps à venir, & qu'il n'est raisonnable que les cas fortuits tombent sur luy. Bref, que l'on y prenne garde de prés, toutes les raisons que l'on allegue pour décharger du temps futur celuy qui a promis *fournir & faire valoir*, se peuuent aussi à propos dire pour le Fidejusseur : & toutesfois on n'a iamais douté en Droict que le Fidejusseur ne soit tenu, si le debiteur deuient insoluable apres le contract ; ce qui ne seroit, si les raisons de cét Autheur estoient necessaires & concluantes. Et mesme la raison de cette resolution si asseurée conuient aussi bien à celuy qui a promis *fournir & faire valoir*, comme au Fidejusseur, à sçauoir que comme l'on prend le Fidejusseur pour s'asseurer entierement, & en quelque temps que ce soit, au defaut du debiteur ; aussi c'est pour cette mesme cause que l'on fait obliger le cedant à *fournir & faire valoir la rente*. Puis donc qu'il n'y a en cela aucune difference entre l'vn & l'autre, & que les raisons de douter & decider sont semblables en l'vn & en l'autre, il faut sans doute pratiquer mesme decision en tous les deux.

10. Bref il me semble que c'est vne subtilité toute nouuelle & sans exemple, de vouloir limiter ces mots de *fournir & faire valoir* au temps present seulement, encore qu'ils soient indefinis, & aptes à s'accommoder à tous temps ; & mesme qu'à les prendre en leur plus naïfue & plus propre signification, ils soient plustost du temps futur : car comme les infinitifs aux autres langues n'ont ny nombre ny personne (& pour ce sont appelez infinitifs, & selon aucuns Grammairiens indefinitifs) aussi en outre en nostre Langue Françoise ils n'ont point de temps ; mais quand on veut particulierement discerner leur temps, on l'accommode au verbe qui regit, & apres soy l'infinitif. Or *Promettre* est vn verbe qui necessairement dénote & signifie vn temps futur ; car nous promettons ce que nous voulons faire à l'auenir, & non ce que nous faisons presentement, & encore moins ce qui est passé.

11. En voicy vn exemple fort celebre & fort certain : Celuy qui promet prendre vne fille en mariage, contracte indubitablement des accords & fiançailles par paroles de futur, & non pas des épousailles par paroles de present, qui seroit vn vray mariage, car les paroles de present sont, *Accipio te in meum*. De mesme donc *promettre fournir & faire valoir*, est promesse du futur, & partant importe que si au temps à venir le debiteur deuient insoluable, celuy qui a fait telle promesse est obligé de payer la rente.

12. Et ce qui oste toute difficulté, sont les mots qui suiuent ordinairement par le style commun des Notaires, en cette mesme clause *fournir & faire valoir tant en principal qu'arrerages* ; encore d'autres y adjoustent *à l'aduenir, & tant & si longuement que la rente aura cours* : car sans prendre ces derniers mots qui sont superflus, & qui seruent seulement pour retrancher toute difficulté & contenter les plus chicaneurs, quand on dit *faire valoir la rente tant en principal qu'arrerages*, il est clair que ce mot *d'arrerages*, ne se peut entendre sinon des arrerages du temps à venir ; car ceux du temps passé ne sont contenus en la cession, & demeurent indubitablement au cedant. Tout ainsi donc que quand la stipulation est conceuë en termes signifians vn temps futur, *vt quicquid dare, facere, oportet, oportebitve*, elle contient les choses futures, comme il est decidé en la Loy *Si à colono. ff. de verbor. oblig.* Aussi cette clause estant notoirement conceuë en termes signifians vn temps futur, se doit entendre des accidens qui suruiennent à l'aduenir ; & pour neant cét Autheur s'est trauaillé à interpreter autrement ces derniers mots ; car son interpretation force la lettre, & est tres éloignée du sens & de l'intelligence commune, comme il sera dit cy-apres.

13. Et de fait, celuy des Iurisconsultes François qui a seul parlé de cette clause, à sçauoir le docte du Molin, decide en vn mot cette difficulté en son Traité des Vsures, *quæst. 8. num. 154. Clausula inquit, vulgari, Gallicè* fournir & faire valoir, *promittit debitor hypothecas fore in futurum idoneas*. Et par apres traitant du déguerpissement des hypotheques suruenu apres le contract, il dit au nomb. 155. que si vne rente est assignée simplement sur vn heritage, arriuant que l'heritage deperisse par succession de temps, ou soit rendu inutile, sans cette clause, le debiteur est libre en le quittant & déguerpissant : mais que si le debiteur est obligé de *fournir & faire valoir la rente*, il faut qu'il la continuë tousiours, nonobstant la perte de l'heritage, ou quand il le voudroit déguerpir. De mesme, dit-il, cette clause a vn effet singulier à l'endroit du tiers détempteur de l'heritage hypothequé à vne rente, *qui ex certa scientia & animo augendæ obligationis*, a promis par vn titre nouuel icelle *fournir & faire valoir*, à sçauoir que quoy qu'il n'ait plus l'heritage, mais l'ait vendu ou autrement transporté à vn autre, si est-ce qu'il est tenu de le faire valoir suffisant pour perceuoir la rente, & s'il ne l'est, il est tenu de parfournir la rente de son propre bien. Voilà ce qu'en dit du Molin.

14. Desquelles deux decisions semblent auoir esté tirez les articles cent neuf & cent dix de la Coustume de Paris : dont les termes sont notables.

ART. 109.

Si aucun a pris heritage à Cens ou Rente à certain prix par chacun an, il y peut renoncer, jaçoit que par Lettres il eust promis payer ladite Rente & obligé tous ses biens : & s'entend telle promesse, tant qu'il est proprietaire, sinon que par Lettres d'Accensement, il eust promis mettre aucun amendement; ce qu'il n'eust fait; ou qu'il eust promis FOVRNIR ET FAIRE VALOIR *ladite Rente, & à ce obligé tous ses biens.*

ART. 110.

Celuy qui n'est preneur, mais est acquereur du preneur, à la charge de la rente seulement, sans faire mention d'autres charges, comme mettre amendement, FOVRNIR ET FAIRE VALOIR, *& laisser l'heritage en bon estat, il peut renoncer, pourueu qu'il n'ait promis expressement garantir son vendeur & bailleur.*

15. Sans doute ces deux articles vuident nostre difficulté : car ils decident que le preneur à rente, mesme (ce qui est plus étrange) l'acquereur du preneur, sont tenus apres le deperissement de l'heritage de continuër la rente sans pouuoir déguerpir : non pour auoir promis payer la rente, & à ce obligé tous leurs biens, mais seulement s'ils ont promis *fournir & faire valoir la rente.* D'où il s'ensuit que celuy qui a promis *fournir & faire valoir*, est tenu du déguerpissement de l'heritage suruenu apres le contract. Et ce qui est plus remarquable, c'est qu'és cas de ces deux articles, la clause de *fournir & faire valoir* a plus de force de charger le preneur du deperissement de l'heritage, que n'a la clause de *payer soy-mesme.* Car le détempteur ayant promis payer soy mesme, peut neantmoins déguerpir; pource que la Coustume interprete & restraint sa promesse au temps qu'il demeurera détempteur, & non plus outre; mais celuy qui a promis *fournir & faire valoir*, ne peut déguerpir; mais faut qu'il paye la rente perpetuellement, pource qu'il est obligé à la fournir, c'est à dire, suppléer de son bien, & à la faire valoir, c'est à dire faire en sorte qu'elle soit tousiours valable & perceptible. Et mesme par la decision de du Molin (qui passe encore plus auant que la Coustume) si le tiers acquereur qui a promis *fournir & faire valoir*, reuend l'heritage à vn autre, qui par apres le déguerpisse, & que par la discussion d'iceluy, il appert qu'il soit insuffisant, il est tenu subsidiairement.

16. Et toutefois ceux qui de ces deux articles ont voulu inferer, que celuy qui a promis *fournir & faire valoir*, est tenu indistinctement de payer soy-mesme sans discussion du debiteur, s'abusent & se méprennent grandement. Car au cas de ces deux articles, il faut à la verité que le preneur & tiers détempteur payent eux-mesmes la rente; mais c'est dautant qu'ils sont détempteurs de l'heritage qui la doit, & qu'on ne se peut addresser à autre qu'à eux. Et d'ailleurs, ce qu'ils ne peuuent bonnement quitter cette détention, par la clause de *fournir & faire valoir*; est à cause de la reflection d'actions qui tomberoit sur eux, quand apres le déguerpissement, l'heritage seroit discuté & trouué insuffisant pour fournir la rente. Ils ont donc deux qualitez, l'vne de détempteurs de l'heritage qui doit la rente, l'autre d'obligez personnellement à la *fournir & faire valoir.* Que s'ils perdent l'vne de ces deux qualitez, *videlicet*, si le tiers détempteur vend l'heritage à vn autre, ie croy pour certain, qu'auant que de s'adresser à luy il faudra decreter & discuter l'heritage, apres lequel il est obligé subsidiairement, comme il est decidé en la Nouelle 4. de Iustinien. Mais quand les deux qualitez sont ensemble, le Rentier est tenu pour le tout, sans diuision ny discussion; pource qu'en France toutefois & quantes que l'action personnelle & hypothequaire, concourent en vne mesme personne, nous tenons qu'il n'est point besoin de discussion.

17. Aussi pour conclusion, ce ne seroit iamais fait, si quand le debiteur se trouue insoluable, ou bien l'heritage insuffisant, il falloit aller subtiliser depuis quel temps il est deuenu insoluable, & faire preuue combien valoit l'heritage lors de la cession. Ce qui engendreroit vne infinité de procez, pour lesquels éuiter, il est bien plus clair & plus certain de tenir qu'il suffit, pour auoir recours contre celuy qui a promis *fournir & faire valoir*, que le debiteur soit discuté & prouué insoluable, sans s'enquerir quand & comment il a perdu son bien.

18. Mais il y a encore deux autres inconueniens en l'opinion contraire; l'vn, qu'elle confond les trois clauses ensemble, sans pouuoir assigner à chacune sa particuliere signification & énergie, comme fait la commune opinion; & l'autre, que selon icelle il n'y auroit nulle clause pour obliger le cedant en tout temps subsidiairement apres le debiteur, & apres discussion sur luy faite : ce qui neantmoins est bien souuent fort conuenable & quasi necessaire : pource que tel se veut bien obliger apres discussion, qui pour rien du monde ne s'obligeroit à payer luy-mesme.

REFVTATION DES RAISONS DE L'OPINION CONTRAIRE, contenuës au petit Liure *De fournir & faire valoir.*

SOMMAIRE SIXIESME.

1. *Occasion de la composition de ce Liure.*
2. *Réponse à la Loy* 1. C. de donat.
3. *Ce qu'emporte la vente d'vne debte sans promesse de garantie.*
4. *Réponse à la Loy* Inter causas. §. abesse. ff. mand.
5. & 6. *En la delegation n'échet garantie, & pourquoy?*
7. Aliud *en la simple vente de debte.*
8. & 9. *S'il faut que les rentes constituées soient assignées sur heritages suffisans.*
10. *Que cette clause doit estre plus fauorablement entenduë, quand il n'y a point d'hypotheques, que quand il y en a.*
11. *Que cét Autheur interprete mal ces mots*, tant en principal qu'arrerages.
12. *Confirmation de nôtre opinion par les deux articles sus-alleguez de la Coustume de Paris.*
13. *Que la réponse qu'il y donne n'est pertinente.*
14. *Que celuy qui a promis faire valoir, & celuy qui a promis payer soy mesme la rente, sont tenus également de l'insuffisance du debiteur.*
15. *Question du déguerpissement.*
16. *Réponse à la raison tirée du hazard des rentes constituées.*
17. *Réponse à la comparaison de la promesse de faire valoir vn heritage tant par an.*
18. & 19. *Que le garant se peut soûmettre par paction generale aux cas fortuits écheans sur les assurances de la rente.*
20. *Réponse à la raison du tuteur, qui promet faire valoir le bien de sa pupille.*
21. *Comment il peut y auoir des clauses superfluës aux contracts.*
22. *Réponse aux autres raisons.*
23. *Qu'il falloit auoir des raisons bien pressantes pour combatre vne maxime toute resoluë.*
24. *Que cette nouuelle opinion seroit fort dangereuse.*

CHAPITRE VI.

VErs la fin de l'année 1594. vn des plus doctes personnages de nôtre robbe, à present decedé, duquel j'auois l'honneur d'estre fort proche allié, & que j'honorois beaucoup, tant pour son merite que pour le profit que ie faisois de sa conference, fit courir par le Palais vn aduis imprimé sans nom, touchant cette clause *de fournir & faire valoir,* par lequel il tâchoit d'établir cette opinion, qu'elle ne chargeoit le cedant de l'insuffisance de la rente suruenuë apres le transport. Ce qu'il faisoit à dessein pour ses affaires domestiques, comme il m'a depuis confessé. Et sur ce qu'en deuis familiers ie soustenois contre luy l'opinion contraire; il me pria de mettre mes raisons par écrit, puis les ayant veuës, il desira que ie les fisse voir en public, comme il auoit fait les siennes; afin que par la conference de deux aduis, il reconnût l'air du Palais. Ses prieres m'étoient des commandemens, car c'estoit mon Sceuola: & toutefois, craignant que si quelqu'vn découuroit que ie fusse l'autheur de ce contraire aduis, il me blasmât d'auoir entrepris d'écrire tout exprés contre vn personnage de tel merite; & vers le public, & particulierement vers moy, ie m'aduisay de reprendre le discours de plus loin, & de traiter entierement la matiere *De la garantie des rentes.* Ce que i'ay bien voulu faire entendre au Lecteur à cette troisiéme edition, afin qu'il ne trouue étrange que ie me sois arresté dauantage sur cette question icy que sur les autres, notamment à refuter les raisons de l'aduis contraire; attendu qu'en effet c'estoit le vray & premier sujet de tout l'œuure.

1. Or ie dy que ce qui me confirme le plus en l'opinion commune est, qu'encore que le personnage qui a mis en auant l'opinion contraire, soit tres-profond en droit, & tres-experimenté en l'vsage de France, & sur tout de grande & exacte recherche, si est ce qu'il me semble n'auoir apporté aucune raison, à laquelle il ne soit aisé de donner quelque réponse.

2. Car ce qu'il dit qu'en cession de debte, il suffit de fournir le contract pour toute garantie, en la Loy 1. *Cod. de donat.* (qui pourtant ne parle que de la tradition & liuraison, non de la garantie & euiction) cela se doit entendre quand il n'y a aucune garantie promise par le contract, mais non quand il y a stipulation expresse de garantie, mesme quand il y a clause de *fournir & faire valoir.*

3. De mesme quand il dit, que qui vend vne debte, est tenu la garantir estre bien & legitimement creée, mais non la fournir bien payable, cela s'entend (comme nous auons dit) quand il n'y a point de promesse de garantie. Comme il est certain que les Romains n'apposoient pas indifferemment en leurs contracts, par forme d'vn style commun des Notaires, la stipulation d'euiction, comme nous faisons en France. Encore Bartole & quelques autres, sur la Loy *Pupilli* §. *Soror. ff. de solut.* disent que mesme sans stipulation de garantie le cedant d'vne debte est tenu de l'insoluabilité du debiteur precedente la cession.

4. Et quant à l'argument tiré de la Loy *Inter causas.* §. *Abesse. ff. Manditi.* & autres loix

qui disent que *Bonum nomen facit, qui admittit debitorem delegatum*, dont cét Autheur semble faire son principal bouclier, il est entierement captieux. Car ces loix parlent expressement de la delegation, & nostre question est de la simple vente ou cession de debte: qui sont deux especes bien differentes l'vne de l'autre, comme il a esté dit cy-dessus, l'vne traittée au titre *De nouat. & de legat.* l'autre au titre *De hæred. vel action. vend.*

5. De fait, la loy 3. *C. de nouat.* en ce mesme poinct de peril suruenant à la debte, distingue nommément la vente ou transport de debte d'auec la delegation: & dit qu'en la delegation le cedant n'est tenu d'aucune garantie, pource que le cessionnaire a accepté & pris à homme le debiteur qui luy a passé obligation pure & simple par le mesme contract. Ce qui ne se fait pas au simple transport de debte, où la presence du debiteur n'est requise, *l. 1. C. eod. tit. de nouat.*

6. Ce que le vieil Praticien Bouteiller a nettement exprimé en sa Somme Ruralle; *Le retournement*, dit-il, *de la debte qu'vn creancier fait à l'autre, quand il baille son debiteur au lieu de luy, ne se peut deuëment faire, si le debiteur, sur qui on veut la debte derrainement attourner & mettre, n'est present, & qu'il ne consente & promette à payer la debte au creancier, & que le creancier se tienne à l'attourné, & autrement ne vaut.* C'est pourquoy on appelle cela en finances *vuider parties*, dautant que par la delegation le debiteur demeure absolument quitte enuers le cedant, & le cedant enuers le cessionnaire. D'où il s'ensuit qu'il n'y échet aucune garantie, non pas mesme pour les causes precedentes le contract.

7. Ce qui n'est pas en la simple vente, ou transport de debte; sinon quand par exprés la debte a esté venduë telle qu'elle estoit, comme en la loy *Si plus. §. vlt. De euicto:* ou bien quand par le contract le cessionnaire a declaré qu'il s'en contentoit, comme en la loy *Pupilli. §. Soror. ff. de solut.* Encore en ce cas Bartole tient que le cedant est tenu du peril precedent le contrat, & que cette loy ne doit estre entenduë que du subsequent. A plus forte raison donc si la clause *Bonum nomen esse*, ou bien de *fournir & faire valoir*, sont stipulées; qui sont les clauses contraires à *Nomen quale est vænire, & Nomine debitoris contentum esse*, le peril futur doit indubitablement tomber sur le cedant.

8. Encore moins conclud ce qu'il dit, que les rentes constituées estans reputées immeubles, doiuent estre assignées sur heritages suffisans, de sorte que si cela n'est, on peut demander vne plus ample assignation, mesme sans qu'il y ait clause de *fournir & faire valoir.* Mais supposé que ce discours fust veritable, il fortifieroit l'opinion commune, & feroit entierement contre luy: car si sans la clause de *fournir & faire valoir, ex vi contractus*, il faut garantir que la rente soit assignée sur vn fonds soluable & suffisant, il s'ensuit que quand les clauses de *Garantir*, ou de *fournir & faire valoir*, seroient adjoustées, elles auroient pour le moins ce peu d'effet, de continuër vne semblable precaution & assurance au temps à venir, à sçauoir que le fonds demeure tousiours soluable & suffisant.

9. Mais mal-aisément pourroit-il prouuer que la clause de *fournir & faire valoir*, ou en droict la stipulation, *Bonum nomen esse, vel idoneum debitorem esse*, implique qu'il faille que la rente soit plûtost constituée sur heritages que sur meubles, & que ces clauses ayant plus d'effet & energie aux rentes qui sont assignées sur speciales hypotheques, qu'en celles qui n'en ont point; ou qui sont assignées sur d'autres rentes, ou sur vn bon marchand, *qui haud magna in re fidei plenus erit quique non patrimonio, sed fide idoneus existimabitur*, comme parle Vlp. *l. Si quis stipulatus. 112. ff. de verb. obl.* Car ce qu'en nostre Coustume les rentes sont dites non pas simplement immeubles, mais reputées immeubles (*quæ nota est improprietatis*) cela vient dautant que l'on ne les peut racheter, & partant ont vne habilité d'estre perpetuelles: mais pourtant il ne s'ensuit pas qu'il faille necessairement qu'elles soient assignées sur des immeubles, soit par hypotheque generale ou speciale. Autrement ceux qui n'auroient point d'heritages, ne pourroient constituër des rentes sur eux, & ceux qui auroient perdu leurs immeubles par cas fortuit pourroient estre contraints de racheter les termes qu'ils deuroient, qui seroit chose injuste & insupportable. Aussi du Molin ne fait nulle difficulté que les rentes ne puissent estre sans hypotheques immobiliaires, *In cons. Par. §. 57. num. 4. & in tract. vsur. quæst. 8. n. 134.* Et de fait, il y a grande difference entre les rentes foncieres, qui sont specialement assignées sur vn certain fonds, & encore les rentes en assiette, qui sont assignations de terres, & entre nous rentes constituées, que nous appelons *courantes & volantes*, c'est à dire assignées en l'air, & qui n'ont aucune assignation particuliere par necessité.

10. Au contraire, il semble qu'il y ait plus d'apparence de donner recours contre le cedant, quand la rente qui estoit de soy mal-assignée, comme sur meubles ou autres rentes, deuient imperceptible, que quand elle estoit assignée sur bons heritages. Car on peut dire que celuy qui achete vne rente qu'il connoist & void par le contract de cõstitution estre assignée sur bons heritages, ne se soucie pas, & ne songe pas de demander qu'on la luy fasse bonne à l'aduenir: & si *fournir & faire valoir*, n'est autre chose que certifier qu'alors les hypotheques sont suffisantes, il ne faudroit point de cette clause quand il y a de belles terres exprimées au contract, ou bien quand on acquiert vne rente deuë par vn Prince qui iamais ne deuient

insoluable. Au contraire, celuy qui void vn contract de constitution de rente où il n'y a nulle hypotheque exprimée, & qui sçait que le debiteur de la rente n'a aucuns immeubles, a plus de sujet de s'asseurer qu'on la luy fasse bonne à l'aduenir. Et si *fournir & faire valoir* signifie seulement que la rente est assignée sur heritages suffisans, c'est se mocquer de luy, car il sçait bien le contraire. C'est pourquoy il faut que cette clause ait vne plus vrgente & importante signification.

11. Aussi on void combien cét Autheur est empesché à interpreter cette clause pour la tourner à son opinion : & sur tout combien il a de peine d'accommoder ces mots, *tant en principal qu'arrerages*. Car en premier lieu, quelle apparence y a-il de dire que *fournir* signifie liurer la rente ou deliurer le contract de constitution d'icelle ? & que *faire valoir, tant en principal qu'arrerages*, signifie que les hypotheques sur lesquelles la rente est assignée, sont lors du contract tellement suffisantes, que le principal d'icelle est asseuré pour le temps à venir, & les arrerages perceptibles ? pourquoy met-il en compte les hypotheques dont cette clause ne fait nulle mention, veu mesme qu'vne rente peut estre sans hypotheques, comme il a esté prouvé ? Ioint que cette clause contient non vne obligation d'hypotheque, mais vne promesse personnelle du cedant à fournir la rente, qui sans doute n'est pas liurer ou en bailler le contract de constitution : qui n'est pas aussi la faire fournir & payer par le debiteur, mais c'est la suppléer & parfaire soy mesme, c'est à dire la payer au defaut & insoluabilité du debiteur. Et aussi *promettre faire valoir la rente, tant en principal qu'arrerages*, ce n'est pas promettre que la rente est perceptible seulement *& idoneè cautum esse de sorte ac vsuris*; mais c'est faire en sorte par le cedant que la rente & les arrerages qui écherront d'icelle, soient bien payables & perceptibles, qui se dit en droict, *Præstare idoneum debitorem sorte, tam pro sorte quàm pro vsuris* : car mesme aucuns adjoûtent *tant & si longuement que la rente aura cours*. Mais quand il n'y auroit au contract que *fournir & faire valoir*, ie pense qu'il n'y a homme en France si ignorant de sa propre langue, qui ne sçache que *faire valoir*, ou *faire vne bonne rente*, signifie la payer soy-mesme, au cas que le debiteur d'icelle ne la puisse payer.

12. Mais pour entendre clairement que *faire valoir vne rente*, ne signifie pas que l'heritage, sur lequel elle est assignée, est suffisant lors du contract seulement, il faut prendre le cas des deux articles de la Coustume de Paris, quand le preneur à rente d'vn heritage s'oblige de fournir & faire valoir la rente : or il est tout certain qu'il ne promet pas que l'heritage qu'on luy baille est suffisant alors, pource que c'est au bailleur à luy fournir suffisant, mais il promet que s'il deuient insuffisant à l'aduenir, il ne laissera de continuër la rente, qui est vrayement la fournir & parfaire, & la faire bonne, c'est à dire la suppléer de son bien.

13. Et quant à la réponse qu'il donne à ces deux articles, elle ne me satisfait nullement, afin de ne rien déguiser (pource que ces articles sont la vraye decision de cette difficulté) je rapporteray les propres mots : *Il y a*, dit-il, *grande difference entre s'obliger soy mesme à vne rente, & ceder vne rente sur vn autre. Celuy qui s'oblige à vne rente la constituë sur soy, & pource il promet la faire valoir, non seulement sur l'heritage qu'il prend, mais aussi sur ses autres biens : mais celuy qui cede vne autre rente, n'entend pas se charger soy mesme.* I'estime qu'il veut entendre qu'au cas de ces deux articles, le preneur est tenu de continuër la rente sans pouuoir déguerpir l'heritage, à cause qu'il s'est constitué luy mesme debiteur de la rente. Mais le texte des articles y repugne formellement : car il porte que le preneur à rente, encore qu'il ait promis la payer sur tous ses biens, peut toutefois en renonçant à l'heritage se décharger pour l'aduenir de la rente, pourueu qu'il n'ait promis *la fournir & faire valoir*; mais que s'il l'a promis, il ne peut par vn déguerpissement s'exempter de continuër la rente. Cela prouient donc entierement de l'efficace de cette clause *fournir & faire valoir*; non de ce que *periculum fundi ad eum tanquam ad emptorem transierit*, ny de ce qu'il s'est constitué debiteur de la rente; & qu'il a obligé ses autres biens à la continuation d'icelle.

14. Il est bien vray qu'aucuns tiennent qu'il y a grande difference entre celuy qui s'est constitué debiteur, & celuy qui a promis *fournir & faire valoir* : pource que celuy qui a promis payer la rente est tenu sans discussion; & l'autre, comme fidejusseur, n'est tenu qu'apres discussion du vray debiteur. Mais quoy qu'il en soit, tous deux sont également tenus à porter le peril suruenant aux asseurances de la rente, *quemadmodum fideiussor & correus debendi*, en droit sont tenus aussi bien l'vn que l'autre, de supporter l'insoluabilité suruenante à celuy pour lequel ils se sont obligez, aux hypotheques de la debte. Ce que dit fort bien Papinian. *Amissi ruina pignoris damnum tam ad fideiussoris quàm ad rei promittendi periculum spectat. l. Amissi ff. de fideiuss.* Mesme on void en ces deux articles que celuy qui a promis *fournir & faire valoir* la rente, est plus étroitement tenu du déperissement de l'heritage, que celuy qui a promis payer la rente, pource que ce dernier peut déguerpir, & l'autre ne le peut, mais faut qu'il continuë la rente sans remission.

15. Cét Autheur touche par apres vne fort belle question, sçauoir si le preneur à rente en déguerpissant l'heritage est tenu indistinctement de le laisser en aussi bon estat & valeur qu'il estoit lors de la prise. Question qui est à present fort de saison, à cause des maisons abbatuës &

ruinées pendant la guerre, qui pour sa nouueauté, importance & difficulté, merite bien vn traité à part. C'est pourquoy quant à present ie le passeray sous silence, & j'exciterois volontiers quelque bel esprit de traiter exactement sur cette digne occurrence la matiere des deguerpissemens, qui est le vray sujet de ces deux articles, & qui est possible vne des plus belles & plus difficiles matieres du droict François.

16. Donc passant outre, c'est vne raison trop éloignée, de dire que les rentes sont de plus grand reuenu que les heritages, qu'elles ne gelent point, & ne sont sujettes aux inondations ny aux gens d'armes, aux reparations ny entretenemens; partant qu'il ne les faut pas fauoriser & auantager par dessus les heritages, iusques à obliger eternellement, *& in infinitum*, les garants d'icelles. Ie diray au contraire que le hazard y est plus grand, & que celuy qui a des rentes n'en peut pas retirer son argent, & les vendre si aisément, que des heritages: aussi que la rente n'augmente iamais en bonté & valeur interne, comme les heritages augmentent naturellement de siecle en siecle. Enfin si celuy qui a cedé sa rente, s'ennuye d'en estre tousiours garant, & qu'il trouue qu'vne rente soit de si grand profit, il peut pratiquer la recepte de Scipion, qui se faschant de ce qu'en vn contract on luy demandoit des asseurances trop rudes & difficiles, fit amener en plein marché vne asnesse chargée d'argent, & dit que c'estoit sa caution, d'où par apres il fut surnommé, *Asina*, comme dit Macrobe. Aussi celuy qui se faschera d'estre tousiours garant d'vne rente, se peut exempter de cette dure obligation, en racquittant la rente entre les mains du cessionnaire, & la prenant pour soy-mesme. Ce que le cessionnaire est tenu de permettre, si mieux il n'aime décharger le cedant de la garantie; comme du Molin a prouué au Traité des Vsures *& de diuid. & indiuid.*

17. Aussi touchant la comparaison de l'heritage qu'on promet faire valoir certaine somme de reuenu par an, & ce qu'il dit n'estre raisonnable, que le vendeur de la rente demeure chargé des cas fortuits & suruenans apres le contract *& in infinitum*; qui sont à mon aduis les plus fortes raisons de son Liure, presupposée la maxime vulgaire, que *verba ratione rei subjectæ intelligenda sunt*, il faut considerer qu'il y a bien de la difference entre φανερὰν οὐσίαν, καὶ ἀφανῆ, c'est à dire entre l'heritage duquel on joüyt, & que l'on cultiue comme l'on veut, & vne rente volante qui consiste en vne peau de parchemin, & que l'on perçoit par les mains d'autruy, comme il a esté dit: & sur tout qu'il y a tres-grande difference entre les cas fortuits, qui suruiennent en la chose mesme, & ceux qui échéent aux asseurances & hypotheques d'vne rente.

18. Car il est indubitable, que comme le peril de la chose regarde l'acheteur apres la vente parfaite, aussi les accidents qui suruiennent sur la rente mesme, sont au dommage du cessionnaire: comme par exemple, quand par l'Edict fait depuis peu, on a rabatu le tiers des arrerages deubs des rentes, ou s'il arriuoit qu'on moderast les rentes au denier quinze ou seize; bref, s'il y suruenoit quelque semblable mutation, il est certain que tels dommages tomberoient sur les acheteurs des rentes, & qu'ils n'en auroient nul recours contre les cedans, non pas mesme en la vertu de la clause de *payer soy mesme*. Car la raison ne permet pas qu'vn soit seigneur de la chose, & qu'vn autre en supporte le hazard, sinon que par exprés il s'y fût soûmis *in traditione rei*: encore faudroit il exprimer particulierement tous les cas fortuits, comme l'on traite sur la Loy *Sed & si quis. §. quæsitum ff. si quis cautio.* autrement la soubmission generale aux cas fortuits ne pourroit estre entenduë des accidens inopinez & extraordinaires, *l. Fistulas. §. vlt. ff. de contr. empt.* Mais aussi si la soubmission est expresse & particuliere, elle doit auoir son effet, mesme à l'égard des cas fortuits qui suruiennent apres le contract en la chose mesme. Ce qui est decidé par la Loy 3. *C. de ædil. act. Si venditor non vitiosum etiam in posterum fore seruum promiserit, quamvis hoc impossibile videatur, tamen secundùm fidem pacti experiri posse non ambigitur.*

19. Mais quand les cas fortuits tombent non pas directement sur la rente venduë, mais sur les asseurances d'icelle, comme sur les debiteurs, cautions ou hypotheques, il n'y a point d'inconuenient que le garant en soit tenu, s'il s'y est soûmis, mesme sans expression speciale & particuliere, comme l'on void que le preneur à rente d'vne maison est tenu des cas fortuits suruenans sur icelle, s'il a promis *fournir & faire valoir la rente*; de mesme que le pleige de garantie & tout autre est indubitablement tenu des cas fortuits suruenans aux biens du debiteur: Aussi chacun est d'accord, que par la clause *de payer soy-méme*, on se charge du peril futur; joint qu'on ne doute point que celuy qui achete vne rente déja constituée par forme de cession, ne puisse aussi facilement acquerir & constituër vne rente sur le cedant par forme de pure constitution, & se faire hypothequer specialement toutes les rentes à luy appartenantes, mesme se les faire bailler en assignat, & se faire mettre és mains les contracts d'icelles, qui est bien vne plus rude obligation que de *fournir & faire valoir* vne rente cedée. Qui est pour satisfaire aussi à la raison qui a esté adjoustée sur la fin de la derniere edition de ce Traité. Et en cela ne fait nullement à propos ce qui est dit de l'*&c.* des Notaires, car il y a bien difference entre vn *&c.* & vne clause couchée & étenduë tout au long.

20. Et quant au tuteur, qui mariant sa pupille, promet faire valoir son bien certaine som-

me de reuenu par an; outre que cette question est fort douteuse, dont partant on ne peut tirer aucune conclusion certaine; encore se peut-il dire, que quand apres le Contract on liure au mary des heritages ou des rentes pour la somme promise, & qu'il s'en tient pour content, il n'a plus aucun recours contre le tuteur qui a effectué sa promesse: mais ie ne doute point que si vn tuteur bailloit en mariage à sa pupille vne rente, laquelle il promist en son propre & priué nom *fournir & faire valoir*, qu'il ne fust tenu, si cette rente deuenoit imperceptible pource qu'il n'y a au Contract que ce qu'on y met.

21. Et quant à ce qu'il adjouste n'estre inconuenient qu'il y ait des clauses superfluës au Contracts, cela est vray quand ce que signifient ces clauses est déja exprimé auparauant, ou bien qu'il est sous entendu par la nature du Contract; mais il n'y a nulle apparence de dire, qu'vne clause soit superfluë, qui peut induire vne nouuelle & particuliere obligation; au contraire il est certain qu'on ne presume iamais que les mots soient sans effet, & principalement les clauses solemnelles des Contracts; qui est la maxime de la Loy *Si quando. de leg.* 1. laquelle est fort à propos de ce discours.

22. Pour le surplus des raisons de ce Traité, ou bien il y a esté satisfait cy dessus, ou bien elles seruent pour refuter l'opinion de ceux qui tiennent qu'en cette clause il ne faut point de discussion. Partant on void que toutes les raisons y contenuës, quoy que subtiles & profondes, ne sont neantmoins si fortes qu'il ne s'y puisse donner quelque réponse; & ie ne doute point que ceux qui ont plus de sçauoir & d'experience que moy, n'en donnassent encore de meilleures.

23. Et toutefois puis qu'il est question de conuaincre & combatre vne opinion toute commune, & vne maxime toute resoluë au Palais, il me semble qu'il faut estre garny d'argumens inuincibles, & raisons du tout peremptoires: *In rebus nouis constituendis euidens ratio proponi debet, vt recedatur ab eo iure quod diu æquum visum est; nec temerè mutanda sunt, quæ certam semper interpretationem habuerunt*: car les procez qui ont esté intentez iusques icy touchant cette matiere, estoient sur ce que l'on vouloit contraindre le cedant à payer la rente auant que le debiteur fust discuté; comme on a tousiours pratiqué au Chastelet, quoy que trop rigoureusement à mon aduis, & ce suiuant la premiere opinion cy dessus referée: mais on n'auoit iamais douté que par cette clause le cedant ne fust tenu apres discussion.

24. Et bien que cette nouuelle ouuerture semble à plusieurs assez plausible, si est-elle fort dangereuse en cette saison, où on trouue assez d'autres inuentions pour s'exempter de payer les debtes, au grand deshonneur des François; la foy desquels anciennement admirée par les Estrangers, seroit en danger de diminüer aussi bien que les rentes & debtes, si la Cour de Parlement, protectrice d'icelle, n'y tenoit la main. Et ne s'en faut pas étonner, pource qu'en toutes Republiques, apres les guerres Ciuiles la foy des Contracts a esté esbranlée, selon que ceux qui ont eu interest à la deduction des debtes, ont eu plus ou moins de puissance & d'authorité. Ie me resous donc de demeurer en l'opinion commune & ancienne, qui est que celuy qui a promis fournir & faire valoir vne rente, est tenu de l'insuffisance suruenüe au debiteur d'icelle apres le transport, iusques à ce qu'on m'ait mieux fait entendre les raisons contraires, ou qu'il ait pleu à la Cour de Parlement de decider cette question par vn Arrest solemnel.

DE L'EFFET DE CETTE CLAVSE, ET SI ELLE induit la resolution du Contract.

SOMMAIRE SEPTIESME.

1. *Question de ce Chapitre.*
2. *Que cette question est de grande importance.*
3. *Qu'il semble que cette clause induit obligation precise de payer.*
4. *Qu'elle induit la resolution du Contract.*
5. *Que cette clause induit vne realité, & est differente de celle de* payer par soy-mesme.
6. *Effet de l'action redhibitoire.*
7. *& 8. Autres raisons.*
9. *Que cette resolution peut estre demandée apres vn Arrest definitif.*
10. *Quand cette resolution a lieu.*
11. *Si elle a lieu en partage.*
12. *Comme cette resolution doit estre reglée, & quels effets elle a.*
13. *Qu'on compense les arrerages de la rente auec les interests du prix.*
14. *Qu'on ne paye les arrerages que du iour de la demande, ny les ameliorations de l'heritage contr'échangé, que iusques à la concurrence des arrerages de la rente.*
15. *Qu'il n'est necessaire de reparer la maison contr'échangée, & de cette resolution.*

CHAPITRE VII.

VOICY à mon aduis la plus profonde & difficile question de ce Liure, qui concerne l'effet & l'execution de cette stipulation de *fournir & faire valoir;* sçauoir si icelle estant commise, c'est à dire, le debiteur de la rente ayant esté discuté, le cedant est tenu precisement en vertu de cette stipulation, *fournir & payer luy-mesme la rente,* ou bien si on doit laisser à son choix la resolution du Contract contenant transport d'icelle.

2. Ce qui peut estre de grande importance, car il peut arriuer qu'vne rente de mil écus aura esté venduë pour dix mil écus, ce qui est licite & sans vsure, comme prouue du Molin en son Traité des Vsures, question 61. & lors sans doute il ne sera plus vtile au cedant de rendre les dix mil écus, que de payer luy mesme les mil écus de rente. Aussi en l'échange de l'heritage de cinq cent liures de reuenu, contre mil liures de rente, il sera plus vtile de rendre l'heritage contr'échangé, que de payer & continuër la rente: mesme il peut arriuer que comme la rente est deuenuë imperceptible, aussi vne maison qui aura esté baillée en contr'échange d'icelle, aura esté bruslée.

3. Neantmoins il semble d'abord qu'il n'y ait gueres de difficulté en cette question, attendu ce qui a esté dit cy-deuant, que *fournir & faire valoir* signifie prendre sur soy, que la rente est exigible, & que la clause de *fournir & faire valoir,* reuient à celle du Droict Romain, *Præstare quanto minus à reo exigi possit.* Aussi que toutes sortes de fidejusseurs subsidiaires reconnus au Droict, mesme les simples certificateurs qui ne sont que fidejusseurs, appelez pour cette cause *subuades,* sont tenus de payer eux-mesmes la debte apres discussion des fidejusseurs.

4. Cette raison est certes fort pertinente & possible du tout vraye à la rigueur du Droict, mais l'équité nous a ouuert vne consideration contraire, qu'autre chose est *promettre de fournir & faire valoir* vne rente, autre chose la constituër sur soy-mesme en defaut de payement du debiteur d'icelle, qui est la troisiéme clause de la garantie des rentes, qui par raison doit operer quelque chose de plus que *fournir & faire valoir,* n'ayant esté en vain receuë en vsage.

5. Nous disons donc en Pratique, que la clause de *payer soy-mesme,* induit vne personalité ou obligation personnelle, qui nous rend vrais debiteurs de la rente, en cas que celuy qui l'a constituée ne la puisse payer, mais que la clause de *fournir & faire valoir,* n'est qu'vne réalité, c'est à dire, vne assurance plus precise de la garantie de fait, de la rente, laquelle *ex pacto formante actionem,* produit l'action redhibitoire. Ainsi voyons-nous qu'en la Nouelle 4. le vray fidejusseur, qui est tenu payer soy mesme en defaut du debiteur, est distingué apertement du βεβαιώτης, ou fidejusseur de l'euiction, qui est comme celuy qui est tenu *fournir & faire valoir.*

6. Or il se faut ressouuenir de ce qui a esté dit cy-deuant, que l'action redhibitoire a cét effet de resoudre entierement le Contract, *ac si numquam intercessisset,* dit la Loy *Facta. De Ædil. edict.* comme pareillement il est dit, *de eo qui seruum non fore in posterum fugitiuum promisit, l.3. Cod. de Ædil. action.* qui est la difference que nous auons remarquée entre l'euiction & la redhibition, qu'en la redhibition le Contract est resolu deslors comme dés à present, & consequemment le vendeur reprend sa chose en l'estat qu'elle est, & l'acheteur recouure son argent sans autres dommages & interests, *nisi vt indemnis seruetur;* mais en l'euiction il échet indistinctement des dommages & interests, mesme il faut payer la plus valuë de la chose au temps de l'euiction, comme le Contract demeurant valable.

7. Aussi celuy qui promet *fournir & faire valoir* la rente, promet seulement *præstare bonum nomen, seu præstare vitium nominis,* & ne promet pas la payer soy-mesme: de sorte qu'en quelque façon que l'acheteur soit par luy indemnisé, soit en luy payant la rente, soit en luy rendant son argent, il luy doit suffire, & il n'est pas raisonnable qu'il tire profit d'vne mauuaise marchandise. Mais encore en la vente il y a vne rencontre particuliere, car si le vendeur estoit tenu precisement de faire vne rente de mil écus, pour dix mil écus qu'il auroit touchez, il y auroit de l'vsure.

8. Encore que cette rencontre ne soit en l'échange, si est-ce qu'il s'y garde notoirement la mesme decision. Et de fait, toutesfois & quantes qu'on a jugé qu'en échange des rentes sur le Roy, le cessionnaire auoit recours contre le cedant, en vertu de la clause de *fournir & faire valoir,* la Cour par ses Arrests a tousiours laissé au choix du cedant, ou de payer la rente, ou de rendre la chose contr'échangée, qui est le vray effet de cette clause, ainsi que la garantie de fait produit ou l'action redhibitoire, ou l'estimatoire, qui est l'action *Quanti minoris;* & comme en la récision pour lesion d'outre moitié, on laisse au choix de l'acheteur, ou de suppléer le juste prix, ou de rendre la chose.

9. Mesme au cas que nous traitons, on tient en Pratique cette resolution si fauorable, qu'encore qu'elle n'ait esté ny demandée ny adiugée par Arrest définitif, mais que precisement le cedant ait esté condamné à continuer la rente à l'aduenir, elle peut neantmoins estre demandée & opposée en execution d'Arrest, *quia non impugnat, sed tantum temperat indicatum*.

10. Toutesfois n'estant, à bien l'entendre, introduite que par vne équité, faut remarquer que si le Contract est tel qu'il ne puisse estre resolu sans grande incommodité, elle n'a point de lieu, mais il faut precisément continuër la rente, comme en vn contract de mariage accomply. Pareillement en toute donation, si le donateur s'est obligé à *fournir & faire valoir* la rente, il la doit parfaire sur son bien apres discussion, pource qu'autrement cette clause seroit inutile, & détruiroit le Contract. Par mesme raison au bail à rente, tant s'en faut que cette clause induise la resolution, qu'au contraire, elle empesche le déguerpissement, comme il se void és deux articles cy-deuant alleguez de la Coustume de Paris.

11. Mesme en vn Contract de partage, j'estime qu'elle n'en doit induire la resolution, par vne contraire raison d'équité, sçauoir est à cause de la grande incommodité qui suruient volontiers des cassations des partages : toutefois ie ne voudrois pas garantir cette opinion, pource que ce qui gist en consideration d'equité, est ordinairement tenu pour arbitraire en France ; mais és Contracts de vente & d'échange, la resolution est tousiours laissée en l'opinion de celuy qui a promis *fournir & faire valoir*.

12. Or cette resolution doit estre reglée presque en tous, comme celle qui prouient de la lesion d'outre moitié ; & encore ne doit elle estre si auantageuse, pource qu'en la lesion d'outre-moitié, la resolution est principalement en la condamnation, & le supplément du juste prix n'est qu'en la faculté : & au contraire, en la Sentence qui se donne sur cette clause, le fournissement & payement de la rente est en la condamnation, & la resolution du Contract en la faculté du condamné. Ce qui est tout au contraire du Droict, qui laissoit, ce semble, l'opinion au demandeur d'intenter ou la redhibitoire, ou l'estimatoire; mais en France on laisse plus à propos cette option au défendeur, tant pource qu'en cette perte il est plus fauorable, que pource que *in alternatiuis electio est debitoris*.

13. Quand dont il choisit la resolution ou redhibition, c'est tout ainsi comme si le Contract n'auoit point esté fait, *facta redhibitione omnia in integrum restituuntur, perinde ac si emptio non intercessisset*, dit cette loy *facta*, de sorte qu'à la rigueur, & selon le Droict Romain il faudroit entendre les fruits *leg. Illud. ff. eod. tit. De Ædil. edi.* mais en France on les compense tousiours auec les interests du prix, ou auec ceux de la chose contr'échangée, pour éuiter la difficulté de la liquidation, principalement en telles resolutions, qui arriuent long-temps apres le Contract.

14. C'est pourquoy on tient à present fort à propos, qu'en ce cas les arrerages de la rente ne sont payez que du iour de la demande, bien que cy-deuant on jugeast le contraire ; comme aussi pour le regard des ameliorations de l'heritage contr'échangé, on ne les adjuge gueres, sinon iusques à la concurrence des arrerages respectiuement adjugez ; pource que cette resolution n'est octroyée que par vne equité particuliere, & comme de grace.

15. Comme aussi à la deterioration de l'heritage contr'échangé, si elle est arriuée ou par la nature de la chose, ou par cas fortuit, celuy qui rend l'heritage contr'échangé pour éuiter de payer la rente, n'est point tenu de les reparer : car c'est vne des regles de la redhibitoire qu'il suffit de rendre la chose telle qu'elle eust esté, si la vente n'eust point esté faite, *leg. Ædil. 25. §. Pædius. ff. eod. tit.* D'où il s'ensuit vne consequence fort notable, que celuy qui a baillé en contr'échange vne rente sur la ville de Paris, contre vne maison du Fauxbourg, qui a esté abbatuë pendant la guerre, s'il est conuenu en vertu de cette clause, peut se décharger en rendant la place en l'estat qu'elle est à present : Autrement il arriueroit vne grande absurdité ; que l'vn des copermutans, en Contract si reciproque, qui possible aura stipulé pour la maison la mesme clause de *fournir & faire valoir*, perdroit tout ensemble, & la maison & la rente ; & l'autre au contraire ne perdroit rien, encore que le sien & l'autruy fust perdu. Tous lesquels poincts ie ne m'amuseray point à verifier, pource que Monsieur Bacquet les a amplement prouuez en son Liure des Transports des rentes.

DE LA PROMESSE DE PAYER SOY-MESME, SI ELLE induit discussion, & de son effet.

SOMMAIRE HVITIESME.

1. *La clause de* payer soy-mesme.
2. *Qu'elle semble ne requerir discussion.*
3. *Si elle rend le cedant fidejusseur.*
4. *Comparaison du Velleian.*
5. *Addition de cette clause.*
6. *Que l'acheteur suit la foy du vendeur.*
7. *Ce qu'en tenoit le Chastelet de Paris.*
8. *Excuse de l'Autheur.*
9. *Arrest en robbes rouges sur cette question.*
10. *Raisons pourquoy cette clause requiert discussion.*
11. *Qu'elle n'induit qu'obligation subsidiaire.*
12. *Que le cedant sous cette clause est fidejusseur.*
13. Fidejussor in rem suam, quando fidejussor, quando non.
14. Idemque procurator in rem suam.
15. *Réponse à la comparaison du Velleian.*
16. *De qui l'acheteur de la rente suit la foy.*
17. *Conclusion, que cette clause requiert discussion.*
18. *Encore qu'elle soit sans addition.*
19. *Comment elle doit estre conceuë pour exclure toute discussion.*
20. Quid, *s'il est dit payer sans discussion?*
21. Quid, *s'il est dit, payer apres vn simple commandement?*
22. *Que la discussion doit estre opposée par le cedant.*
23. *Si elle peut estre opposée apres Sentence ou Arrest.*
24. *Que cette clause n'induit pas resolution du Contract, comme celle de* fournir & faire valoir.
25. *Modification de rente venduë au dessous de l'Ordonnance.*
26. Aliud *en l'échange, & autres Contracts.*

CHAPITRE VIII.

Reste la troisiéme clause de la garantie des rentes, qui est la promesse que fait le cedant de payer soy-mesme la rente, en laquelle il y a encore plus de difficulté à mon aduis, qu'és deux autres déja expliquées.

2. Premierement, on demande si elle requiert discussion; & d'abord il semble que non, pource que les termes d'icelles montrent expressément, que le cedant se constituë luy-mesme debiteur & payeur de la rente: Or est il que le priuilege d'ordre ou discussion n'est attribué qu'au fidejusseur, & non pas au vray & principal debiteur.

3. Et sur tout, celuy qui vend la rente ne peut estre reputé pour fidejusseur du debiteur d'icelle, pource que c'est à son propre profit, & pour toucher le prix de la vente, qu'il se constituë debiteur de la rente, & non par le mandement, ou pour faire plaisir à celuy qui l'a constituée, qui n'auoit que faire que cette vente & promesse se fist. Donc bien que tout vray fidejusseur ait l'action *mandati* contre le principal debiteur, celuy-cy ne la peut auoir, pource que ny expressément ny tacitement le debiteur ne luy a donné charge d'entrer pour luy en cette obligation. Si donc on le veut qualifier fidejusseur, ce sera vn fidejusseur *in rem suam*, qui n'est pas vray fidejusseur; tout ainsi que le Procureur *in rem suam* n'est pas vray Procureur, mais en effet c'est le vray acteur & pourchasseur d'vne affaire sous le nom d'autruy, comme Balde a noté sur la Loy 1. *C. de oblig. & act.*

4. Comme donc on dit en Droict, que *mulier non videtur intercedere, nec juuatur Velleiano, quando in commodum suum intercedit, l. 2. C. Ad Velleianum leg. Si mulier. leg. Bona fide. §. vlt. ff. eod. tit.* aussi le cedant *non videtur intercedere, nec juuatur exceptione ordinis, quando in commodum suum intercedit, & negotium suum agit.*

5. Et de fait, les mots qu'on adjouste d'ordinaire à cette clause par le style commun des Notaires, *payer soy mesme apres vn simple commandement & refus*, excluënt sans doute la discussion entiere & parfaite. Que si quelquefois ils se trouuent obmis, si est-ce que la Loy dit, que *ea quæ sunt moris & consuetudinis, inesse videntur in bonæ fidei iudiciis. leg. Quod si nolit. §. quia assidua. ff. Ædil. edict.* parlant notamment des clauses de la garantie de fait.

6. Aussi veritablement c'est la foy du vendeur que l'acheteur suit en contractant auec luy, & luy baillant son argent à cette condition de *payer luy-mesme*; pourquoy donc ne pourra-t-il agir directement contre luy? veu que l'ancien debiteur de la rente est insoluable, c'est toûjours à luy à payer; & s'il est soluable, il aura son recours contre luy, auquel c'est luy qui a baillé son argent, & qui l'a choisi pour son debiteur.

7. Et puis que les Iuges du Chastelet de Paris, qui voyent plus souuent telles difficultez que nuls autres de France, tenoient de tout temps pour constant & resolu que la simple clause de *fournir & faire valoir*, excluoit la discussion; à plus forte raison semble-t-il n'y

auoit difficulté, que celle de *payer soy-mesme*, l'excluë, qui autrement ne seruiroit de rien, & seroit du tout superfluë, ainsi qu'il semble.

8. Voilà de fortes raisons, à cause desquelles és deux premieres impressions de ce Liure, j'auois tenu cette opinion, n'osant contredire à l'vsage & obseruance, que je pensois estre commune, ne laissant toutesfois de dire qu'il y auoit bien de la difficulté; & encore n'osay-je resoudre apertement cette opinion, lors que la clause de *payer soy mesme*, estoit sans cette queuë & addition, *apres vn simple commandement, ou apres telle diligence faite, & tel temps expiré*, auquel cas ie tiens encore que telle addition exclud la discussion entiere: mais feu Monsieur Bacquet, qui pourtant a emporté cette reputation, j'ose dire par dessus tous ceux qui ont écrit de son temps, de ne s'estre gueres trompé en ses resolutions, a tenu formellement & indistinctement en son Liure *Du transport des rentes*, qui fut imprimé six mois apres la premiere Edition de celuy-cy, que la clause de *payer soy mesme* exclud la discussion.

9. Ce qui m'a dessillé les yeux, est ce notable Arrest prononcé en Robbes rouges par ce parangon de science & d'integrité, Monsieur le President Seguier, le Mardy 9. Avril 1602. entre Georges Richaut & consorts, heritiers de Charles Godefroy, appelans du Preuost de Paris, & Claude & Ieanne Guillon, & Pierre Godefroy, intimez & demandeurs au procez principal, par lequel il a esté jugé expressément que la clause de *payer soy-mesme la rente cedée, en defaut de payement fait par le debiteur d'icelle*, requeroit discussion, de sorte qu'apres vne decision si solemnelle, il n'en faut plus faire de doute.

10. Et de vray, comme il faut prendre garde exactement à la forme des Contracts pour juger des effets d'iceux, il y a grande difference entre vendre & constituer sur soy directement vne rente, & vendre vne rente déja constituée sur autruy, & neantmoins pour plus grande asseurance de l'acheteur, *promettre la payer soy mesme*: car au premier cas la rente est constituée, assise & assignée sur la personne du constituant, & sur tous & chacuns ses biens. Au second cas elle ne peut estre dite constituée directement sur luy, ny sur ses biens, puis qu'auparauant cette vente ou transport elle estoit déja constituée sur le debiteur d'icelle, qui en demeure tousiours le vray debiteur, & sur lequel elle demeure vrayement assignée. Et de fait, s'il faut iuger l'assiette & situation de telle rente (comme souuent il est besoin à cause de la diuersité des Coustumes, dont les vnes reputent les rentes constituées pour meubles, & les autres pour immeubles) on a jugé infailliblement par le domicile de celuy qui l'a constituée, ou bien par la situation de ses heritages sur lesquels elle est assignée.

11. Et encore que le cedant ait promis *la payer soy-mesme*, si n'est-ce à bien entendre qu'vne fidejussion ou obligation subsidiaire, comme il a esté dit au Chapitre quatriéme de ces Stipulations, *Titium daturum, dandum curari*, & autres semblables qui ne sont que subsidiaires, supposé qu'il y ait déja vn principal obligé *cui acc dere possint*, car autrement elles sont principales. Telle est aussi par identité de raison, cette stipulation, *Si Titius non soluerit, dare spondes?* qui reuient proprement à nostre clause de *payer soy mesme*. Et bien qu'il semble qu'en la Loy *Fidejussor obligari. §. vltimo ff. De Fidejuss.* cette stipulation ne requiert point de discussion, si est ce qu'il faut prendre garde que par le Droict des Digestes le Fidejusseur ordinaire n'auoit aussi le benefice de discussion.

12. Et ne faut point dire que le cedant qui a promis *payer soy-mesme*, n'est pas vray Fidejusseur, tant parce qu'il se constituë payeur, que pource qu'il interuient apres l'obligation; car en effet tout Fidejusseur se constituë payeur de la debte; mais qui plus est, nous tenons en France l'opinion d'Accurse sur la Nouelle 4. que celuy qui se constituë debiteur d'vne debte déja contractée par vn autre, en sorte qu'il n'y a point de nouation de la premiere obligation, qui est proprement appelée en Droict *adpromissor*, est reputé pour vray Fidejusseur, principalement à l'égard du creancier, & doit joüyr du benefice de discussion; ce que du Molin prouue fort bien au Traité des Vsures question 7.

13. Il ne sert de rien aussi de dire, que *fideiussor in rem suam, non est verè fideiussor, sicuti Procurator in rem suam non est vere Procurator.* Car c'est la verité que le Fidejusseur *in rem suam*, a deux respects & deux faces; l'vne de Fidejusseur, l'autre de debiteur: c'est pourquoy les anciens Praticiens l'appeloient *Pleige-debiteur*, pource qu'à bien entendre il est pleige & debiteur tout ensemble, & ce par diuers respects. Car au respect du principal debiteur, il n'est pas son Fidejusseur, pource qu'il ne luy a point donné de charge de s'obliger pour luy; & partant les actions qu'a le Fidejusseur contre le principal debiteur, ne luy appartiennent point. Mais au respect de celuy vers lequel il s'est obligé, il est Fidejusseur, c'est à dire, subsidiairement obligé, & non pas vray & direct debiteur: & partant les exceptions qui competent au Fidejusseur contre le creancier, luy appartiennent, comme celle de discussion.

14. Tout de mesme que le Procureur *in rem suam* à l'égard de celuy duquel il emprunte le nom, est vray acteur & pourchasseur de l'affaire pour son profit particulier, & partant s'il succombe és dépens, celuy au nom duquel il a occupé en a recours contre luy: Mais à l'égard de celuy contre lequel il plaide, il n'est que Procureur; & de faict la condamnation

n'est pas conceuë sous son nom, mais de celuy, au nom duquel l'action est intentée.

15. Et quant aux Loix, qui disent que la femme n'a l'exception de Velleïan, quand elle intercede pour ses propres affaires, elles presupposent toutes, notamment qu'elle demeure seule obligée *nouatione facta*, & que celuy pour lequel elle fait telle intercession soit desobligé. Et en tout cas, il est certain que le Velleïan ne prohiboit les intercessions des femmes, sinon en tant qu'elles en pouuoient receuoir dommage. Or est-il, que quand vne femme intercede pour faire ses propres affaires, elle n'intercede pas, mais elle fait ses affaires; & partant cessant en cette espece la clause du Velleïan, son effet doit aussi cesser.

16. De dire aussi que l'acheteur de la rente a suiuy la foy du vendeur, cela est vray pour la garantie d'icelle: or la garantie n'échet point s'il n'y a du trouble ou empeschement. Mais il n'a pas suiuy sa foy, pour acheter directement vne rente sur luy, mais à ce regard il a plûtost suiuy la foy de celuy qui la deuoit. Et reciproquement le vendeur n'a pas entendu payer annuellement la rente, mais seulement la bien asseurer, au cas que celuy qui la doit, ne la peust payer.

17. Concluons donc, que proprement & regulierement celuy qui a promis payer soy-mesme la rente cedée, n'en est tenu que subsidiairement & apres le vray debiteur d'icelle discuté: & toutefois pource que cette clause peut estre conceuë en plusieurs façons, & en diuers termes, il les faut particulariser.

18. Car quelquefois le cedant s'oblige à *payer soy-mesme*, sans autre addition; quelquefois sous cette addition, *en defaut de payement fait par le debiteur*; addition qui à mon aduis n'y sert de rien, pource que cela est tousiours sous-entendu, que le cedant ne s'oblige sinon subsidiairement, & en defaut du vray debiteur, comme il vient d'estre dit, *atqui expressio eorum quæ tacitè insunt, nihil operatur.* Opinion qui n'est pas toutefois sans difficulté, à cause de ce §. dernier de la Loy *Fideiussor obligari. De fideiuss.* & que l'Arrest cy-dessus rapporté estoit au cas de cette addition, & non pas de la promesse de payer simplement & sans queuë.

19. Quoy qu'il en soit, c'est le plus seur, quand l'acheteur veut que son vendeur soit obligé à payer la rente sous discussion, de faire exprimer precisément au Contract ces mots, *sans que ledit acheteur soit tenu faire aucun commandement, ny autre diligence contre le debiteur de la rente; mais il se pourra apres chacun terme addresser directement contre le vendeur*, ou autres semblables termes excluans expressément la discussion, & mesme toute autre diligence.

20. Car s'il n'y auoit que *sous discussion*, j'estime, attendu la forme du Contract, qu'il n'y auroit que la vraye & parfaite discussion excluse, que les anciens Docteurs appellent *excussionem ad vngulam, vsque ad saccum & peram*; & non pas la simple diligence & perquisition de meubles, telle qu'anciennement elle estoit requise auant que de venir au decret des immeubles, suiuant la Loy *A Diuo Pio. De re iudic.* & qui a esté abolie par l'Ordonnance de 1539. Mais si toute diligence est excluse par paction expresse, cette paction change la forme du Contract; qui n'est plus vne vraye vente de la rente déja constituée; mais plustost vn simple engagement d'icelle, ou simple assignation dont il a esté parlé cy-dessus au 3. Chapitre.

21. Finalement quand cette clause est ainsi conceuë, *Payer soy mesme trois mois apres chacun terme, ou apres vn simple commandement fait au debiteur, ou apres vne simple perquisition de ses meubles*, je dis que lors le cessionnaire a sa leçon par écrit, & qu'il n'est tenu de faire plus ample discussion, que celle qui luy est prescrite par le Contract; pource que l'expresse prouision de l'homme fait cesser la prouision de la Loy, & que *in certis non opus est conjecturis.*

22. En tout cas, il faut obseruer que quand l'entiere discussion est requise, elle ne compete au cedant que par forme d'exception; comme cela est general au Droict, que la discussion est vne espece d'exception. De sorte que si le cessionnaire s'adresse directement contre son cedant, *non malè agit*, mais il est bien fondé en son action; mesme qu'il obtiendra à ses fins auec dépens, si l'exception de discussion ne luy est opposée: comme resout Guy Pape en sa decis. 94.

23. Mesme la commune opinion des anciens Docteurs tient que cette exception estant dilatoire, doit estre proposée auparauant contestation, & qu'elle n'est receuable apres, mesme que n'ayant esté proposée en l'instance principale, elle n'est receuable en cause d'appel, comme rapporte Negusant. *in dict. tract. de pign. 8. part. 1. membr. num. 35.* Ce qui n'est pas toutefois veritable: au contraire ie tiens que cette exception peut estre opposée en quelque partie de la clause; mesme apres Sentence definitiue, & encore apres vn Arrest, *quia non infringit, sed temperat iudicatum*: & ainsi le semble tenir *Guido Pap. decis. 431.*

24. Quoy qu'il en soit, apres discussion faite, mesme toutefois & quantes que cette clause de *payer soy-mesme*, vient à auoir effet, elle n'induit pas simplement la resolution du Contract, comme fait la clause de *fournir & faire valoir*; mais induit vne obligation formelle & precise de payer & continuër la rente, deslors que le cas est arriué, auquel il s'est expressément constitué payeur d'icelle. Car cette clause n'est pas vne simple asseurance de la garantie de fait, comme l'autre; mais c'est vne paction particuliere, qui reforme le Contract, & qui change le transport en vne constitution conditionnelle de rente sur soy-mesme, comme

il

il a esté iugé par plusieurs Arrests rapportez par Bacquet.

25 Il est vray, qu'au cas de la vente faite à moindre prix que celuy de l'Ordonnance auec cette clause de *payer soy-mesme*, il faut par necessité, apres le cas arriué, diminuer la rente & la reduire & proportionner au prix de la vente, pource qu'autrement ce seroit vne vsure. Encore du Molin au Traité des Vsures, *qu. 62. num.* 413. dit que tel Contract est vicieux & vsuraire dés son commencement: ce que ie n'estime pas, pource que comme le cedant n'est tenu payer soy-mesme, qu'apres discussion, aussi ne deuient-il vicieux qu'apres discussion: & encore alors i'estime qu'il doit plustost estre iugé reductible, qu'vsuraire & vicieux tout à fait, pource qu'il est à presumer, que les parties n'ont pensé faire qu'vn Contract commutatif & negotiatif, & non vn prest ou Contract feneratif.

26 Mais en échange où l'vsure ne peut bonnement échoir, il n'échet aussi ny reduction ny cassation ou resolution, mais faut precisément apres discussion payer la rente suiuant le Contract, qui est l'effet particulier que produit cette clause de *payer soy-mesme*, outre & par-dessus celle de *fournir & faire valoir*.

PRATIQVE DE LA DISCVSSION EN LA GARANTIE des rentes.

SOMMAIRE NEVFIESME.

1 *Proposition.*
2 *Qu'il est fort mal-aisé d'appliquer la forme de discussion.*
3 *Opinion de Guy Pape.*
4 *La forme qui y est gardée en France.*
5 *Que la discussion se fait aux perils & fortunes de l'indiquant.*
6 *Qu'il n'est tenu faire deux arrests l'vn apres l'autre.*
7 *Qu'il faut discuter en France le debiteur, encore qu'il soit absent.*
8 *Pourquoy à Rome l'absence du debiteur excuse.*
9 *Que la discussion du debiteur absent eust esté fort mal-aisée, selon le Droict Romain.*
10 *Qu'en France la discussion est aussi facile du present, que de l'absent.*
11 *Qu'il faut quelquefois créer vn curateur à l'absent.*
12 *Que la difficulté excuse quelquefois de la discussion.*
13 *Qu'il n'est pas necessaire de discuter les meubles estans en vn fort chasteau.*
14 *Sçauoir s'il est necessaire de discuter les biens litigieux.*
15 *Qu'il faut discuter celuy qui est notoirement insoluable.*
16 *Que pendant cette discussion le tiers detempteur ne gagne les fruits.*
17, & 18 *S'il faut discuter les biens qui sont au Parlement ou hors de France.*
19 *S'il faut discuter les hypotheques alienées depuis le transport.*
20 *Raisons de l'affirmatiue.*
21 *Resolution au contraire.*
22 *Réponse aux raisons contraires.*

CHAPITRE IX.

PVis donc que les trois clauses de la *garantie des rentes*, requierent la discussion, il n'est pas hors de propos de déchiffrer la pratique d'icelle; & ce toutefois briefuement & sommairement: car pour l'expliquer tout à fait, il faudroit bien vn Liure tout entier.

2 En premier lieu, les anciens Docteurs se trouuent fort empeschez à expliquer la forme d'icelle, & comment elle doit estre faite en pratique; iusques-là que Bartole au petit Traité qu'il fit de la discussion, la mesme année de son deceds, dit que la Loy & les Prophetes y sont demeurez en suspens: & de fait il n'en peut venir à bout luy-mesme, non plus que les autres Docteurs qu'il cite.

3 Guy Pape, qui estoit vn tres excellent Praticien, en approche de plus prés, disant en sa decis. 432. que de son temps on pratiquoit en Dauphiné, que pour faire la discussion solemnelle le Iuge decernoit commission à vn Sergent afin de s'informer des voisins du debiteur, & autres témoins dignes de foy, quels estoient ses biens: laquelle information estant rapportée au Iuge, il donnoit sa premiere Sentence, par laquelle il declaroit la discussion bien faite, & en consequence permettoit de s'addresser contre l'obligé subsidiaire.

4 Mais nous n'y gardons pas à present tant de ceremonies, car comme faire vne discussion est en effet verifier vne negatiue, à sçauoir que le debiteur n'a aucuns biens; ce qui ne se peut faire directement: nous chargeons à bon droit celuy qui a interest de soustenir qu'il a des biens de les indiquer. Voicy donc comment nous en vsons. Commandement fait au debiteur, & apres encore que le Sergent s'est enquis sommairement aux voisins d'iceluy, s'ils sçauent aucuns biens meubles ou immeubles à luy appartenans, qui ont fait réponse qu'ils n'en sçauoient aucuns; on peut faire adiourner le cedant de la rente, soit

qu'il ait promis la *payer soy-mesme*, soit seulement *fournir & faire valoir*, pour se voir condamner à payer les arrerages qui en sont deubs, & icelle continuer à l'aduenir; offrant neantmoins discuter prealablement aux perils & fortunes de sondit cedant tous les biens qu'il luy indiquera appartenans audit debiteur.

5 Offre qui sans doute est pertinente, & qui a cét effet, que si le cedant indique mal, c'est à dire, s'il indique des biens qui n'appartiennent pas au debiteur, ou qui ne soient pas bien designez pour les decreter, il est tenu aux dommages & interests du cessionnaire: que s'il indique bien, mais que les biens indiquez ne se trouuent suffisans pour retirer les frais de la poursuite, lesquels le cessionnaire discutant est tenu auancer, il les recouurera par apres contre l'indiquant.

6 Et il est à remarquer que celuy qui discute n'est point tenu de faire deux decrets l'vn apres l'autre, notamment sur l'indication de l'obligé subsidiairement; mais il n'est tenu que de faire à vne fois & vne fin, vne discussion generale; ainsi que la vente qui se faisoit à Rome, *in pratorio pignore*, comprenoit tous les biens du debiteur: en quoy il n'y a qu'vne exception, à sçauoir quand apres l'indication il est arriué de nouueaux biens au debiteur, comme dit fort bien *Alex. cons.* 10. *in* 5. *volum. col. vlt.* De sorte que pour bien faire, auant mesme que commencer le decret des hypotheques exprimees au Contract, ou autres heritages appartenans notoirement au debiteur, le cedant peut & doit faire adiourner son garant subsidiaire, à ce qu'il luy indique tous les biens suiets à estre discutez, afin de les faire decreter à vne fois & vne fin: protestant à faute de ce faire que par cy-apres on ne luy pourra demander autre discussion. Ce qui est tres-pertinent, pource qu'autrement on n'indiqueroit iamais qu'vne piece apres l'autre, & faudroit faire trois ou quatre decrets pour vn.

7 Mesme il semble que la discussion ne peut estre opposee, sinon quand le debiteur suiet à estre discuté, est present, ou que dans vn delay le debiteur subsidiaire offre le representer en cause, comme il est expressement dit en la Nouelle 4. qui a introduit la discussion: Mais en vn mot il faut tenir pour certain, que cette particularité n'est point gardee en France, pource que les Romains auoient toute autre raison que nous, de requerir la presence du debiteur, pour faire la discussion, qui ne se pouuoit faire en son absence, que bien difficilement, & apres grande longueur.

8 Car quand le debiteur estoit absent, ou qu'il se cachoit, il n'y auoit à Rome presque nul moyen d'auoir raison de luy: pource qu'en premier lieu les Contracts n'ayans execution paree (comme il sera traité cy-apres) il falloit se pouruoir par action, & cette action ne pouuoit bonnement estre intentee ny poursuiuie contre vn homme absent ou caché. Car il falloit que les adiournemens fussent faits à la personne, n'admettant ceux qui estoient faits à domicile: mesme que la partie fust continuellement presente à tous les actes de la cause, n'ayans l'vsage des Procureurs *ad lites*, tel & en la façon que nous: c'est pourquoy il falloit dés l'introduction du procez bailler caution d'ester à droict.

9 Pareillement ils n'auoient pas les procedures par defaut telles que nous, & n'obtenoient iamais condamnation definitiue contre les defaillans, mais seulement vsoient de mission en possession, *ex primo vel secundo decreto*; & falloit attendre vn fort long-temps, deuant qu'on permist de vendre & decreter les biens d'vn homme absent. Qui fut l'inconuenient que remarqua Papinian pour faire abolir cette ancienne loy, qui defendoit de poursuiure les fideiusseurs auant les principaux debiteurs, comme remarque le texte de cette Nou. 4.

10 Mais c'est toute autre chose en France, où on peut discuter le debiteur presque aussi tost & aussi facilement en absence, qu'en presence: car les Contracts liquides ont leur execution parée sur tous ses biens, apres commandement precedent, quand le debiteur est absent, & qu'il n'a aucun domicile certain & public, suiuant la loy *Debitoris. C. de pignor.* Et s'il n'y a Contract executoire, on peut adiourner le debiteur absent à son ancien domicile ou à son de trompe; & par apres on procede par defaut à condamnation definitiue, en vertu de laquelle on vend & discute ses biens.

11 Toutefois d'autant que par l'Ordonnance des criees, il faut que la quarantaine destinee pour interposer le decret & adiudication de ses heritages soit signifiee à sa propre personne: quand il est fugitif ou caché, attestation de ce sommairement faite, ou crée vn curateur à l'absent, auquel on fait signifier cette quarantaine: au moins l'ay ie veu pratiquer ainsi: donc ie concluds qu'en France l'absence du debiteur ne doit aucunement exclure la discussion, nonobstant cette Nouelle.

12 Tant y a qu'on peut remarquer que Iustinian qui a introduit la discussion, n'a pas entendu qu'elle fust trop difficile, puis qu'il a ordonné qu'on en feroit excuse pour l'absence du debiteur. Et de vray estant *de apicibus iuris*, c'est à dire, introduite par vne subtilité du Droict: elle deuiendroit tout à fait iniuste, si on reiettoit le creancier à telles difficultez ou longueurs, qui empeschassent par trop de se faire payer par l'obligé subsidiairement, auquel elle seruist seulement d'exception moratoire, & de specieux pretexte pour eluder sa promesse & obligation.

13 C'est pourquoy tous les Docteurs sont d'accord, que si les meubles sujets à discuter estoient enfermez en vn fort chasteau où les Sergens ne peussent aller, il ne seroit pas necessaire de les discuter, comme Bartole rapporte au Traité susdit.

14 Par mesme raison ils tiennent, que si les biens sont litigieux, la discussion n'en est pas necessaire: ce qui semble decidé en loy *A diuo Pio* §. *si rerum. ff. de re iud.* qui neantmoins y apporte cette distinction: que si le debiteur en est en possession, il les faut saisir; & s'il y a opposition d'vn tiers, afin de distraire, faut la faire vuider, si cela se peut sommairement faire, sinon il les faut laisser, & prendre d'autres biens. Quoy qu'il en soit, cette loy au §. *Sed vtrum.* dit notamment qu'on n'est pas tenu de discuter les actions & debtes litigieuses. Bref, ce docte *Anton. Negusant.* au Traité *De pigno. 8. par 1. memb. num.* 44. conclud que *illa bona tantùm discutienda sunt, quæ sine controuersia possideri possunt; pro iis autem quæ sunt in controuersia, non deberet retardari processus contra fideiussores, aut pignorum possessores.* Ce qui semble fort raisonnable, bien qu'il ne soit encore estably en nostre pratique, pource qu'il n'y a nulle apparence d'amuser le creancier à faire vuider vn procez de substitution ou autres tels fascheux procez, lesquels l'obligé subsidiairement fera par apres aussi bien vuider que luy. Voilà pour ce qui est des actions litigieuses. Quant aux debtes liquides, mais qu'on doute estre mal assignées; c'est chose bien certaine que le creancier n'est tenu les prendre en payement, ne les embrouiller & faire payer auant que de s'addresser au fideiusseur, ou tiers detempteur; qui seroit vn autre degré de discussion: mais il semble que comme on obserue aux rentes, aussi on pourroit obseruer aux debtes à vne fois payer, de les vendre au plus offrant: comme traite doctement Ant. Faber. *De error. prag. err. 7. decad. 5.*

15 Ie ne suis pas pourtant de l'aduis de ces anciens Docteurs, en ce qu'ils tiennent presque tous d'vn mesme accord, que quand le principal debiteur est notoirement insoluable, il n'est pas besoin de le discuter: *quia in certis*, disent ils, *non est locus coniecturæ.* Mais i'estime auec Angel. sur la Nouelle 4. & Guy Pape en cette decis. 432. que pour peu de biens qu'il se trouue auoir, il les faut discuter, pource que tousiours les faut il vendre: ce que le creancier est chargé de faire auant que pouuoir contraindre l'obligé subsidiairement, qui en tous cas a interest de sçauoir ce qu'il deura de reste par apres: ce que s'il sçauoit au vray quand on s'addresse à luy, possible le payeroit-il comptant sans se laisser executer, ou laisser mettre son bien en decret.

16 Et toutefois pource qu'il faut tousiours reuenir à cette consideration, que la discussion n'est point introduite pour seruir d'vn simple reculement & exception moratoire, mais pour exempter par effet l'obligé subsidiairement, quand le principal debiteur est soluable: afin de modifier cette opinion, & l'accorder en quelque façon auec la commune, ie tiens pour certain qu'apres la discussion faite des biens indiquez, lesquels le creancier a soustenu estre notoirement insuffisans, le tiers detempteur qui l'aura arresté deux ou trois ans à faire cette discussion, ne sera pas quite desormais pour delaisser en Iustice la chose hypotheque, mais faut qu'il en rende les fruits perceus pendant cette discussion, qui aussi bien se fait tousiours à ses perils & fortunes: ioint que par le moyen de ce qu'il a esté conuenu en Iustice auparauant, mesme qu'il a demandé discussion, il a esté deslors constitué en mauuaise foy, non seulement feinte, mais positiue & vraye; & partant il ne peut plus gagner les fruits, n'estant mesme raisonnable que sa fuite luy apporte ce gain.

17 Pareillement, ces anciens Docteurs ont suiuy la pluspart l'opinion de Balde, *in leg. Sciendum. in pr. D. Qui satisd. cog.* que *excussio non est facienda de bonis quæ sunt extra territorium iudicis cognoscentis de causa.* Il est vray qu'Angel. sur l'auth. *De fideiuss.* y apporte vne modification, *dummodo discussio non possit fieri alibi sine magna difficultate.* C'est pourquoy quelques-vns tiennent en France qu'il n'est vne necessaire de discuter que les biens qui sont en vne mesme Prouince ou Bailliage; d'autres, qu'au moins il suffit de discuter ceux qui sont au mesme Parlement; d'autres soustiennent qu'il faut discuter tous ceux qui sont en France: mesme il y en a qui veulent qu'on discute tous les biens du debiteur, fussent-ils hors le Royaume, pource qu'il est vray, que celuy qui a des biens en pays estrange, n'est pas discuté ny rendu insoluable.

18 De ces quatre opinions i'estime la troisiéme plus équitable, qu'il faut discuter tous les biens de France. Car quant à la premiere & la seconde, que c'est assez de discuter ceux qui sont en la Prouince, ou au Parlement, sous pretexte de dire, qu'il ne faut faire qu'vn decret ou discussion generale; outre que ce fondement n'est pas bien certain, on peut répondre que tous les biens qui sont en France, bien qu'en diuers Parlemens, peuuent estre discutez par mesme discussion: Car les ayant fait vendre sur les lieux (comme c'est la verité qu'en bonne Iustice tout decret y deuroit estre fait) on peut obtenir les lettres d'euocation du grand sceau fondées sur le titre *De quibus rebus ad eundem iudicem eatur*, par lesquelles l'ordre des creanciers (auquel consiste la vraye discussion, comme aussi en pratique on l'appelle discussion) sera renuoyé en vn mesme Siege pour estre terminé à vne fois & vne fin, & pour euiter la diuersité de jugemens. Mais puis qu'il a esté prouué cy-dessus que la grande diffi-

culté descharge de la discution, il n'est pas raisonnable de renuoyer le creancier qui a de bonnes asseurances en France, plaider & faire des discussions hors de France à la mercy des estrangers.

19 Toutes ces questions concernent generalement la pratique de la discussion; celle-cy concerne particulierement celle qui doit estre faite en la garantie des rentes. Ondemande si auant que de s'addresser au cedant qui a promis *fournir & faire valoir la rente*, ou la *payer soy-mesme*, il faut discuter les hypotheques d'icelle, soit generales ou speciales, qui ont esté alienees par le debiteur d'icelle depuis le transport, notamment en pays de discussion; car ailleurs il n'y auroit point de difficulté, pource qu'elles s'y peuuent decreter auec les biens du debiteur par mesme decret: mais en pays de discussion il faudra faire deux decrets, mesme deux discussions l'vn apres l'autre, l'vne des biens du debiteur, l'autre des hypotheques par luy alienees.

20 Et neantmoins il semble d'abord qu'il faut discuter ces hypotheques, pource que le cedant ne semble obligé que sous cette condition, *Quanto minus ex pignoribus seruari poterit*, d'où il s'ensuit que si elles sont suffisantes, ou en tant qu'elles sont suffisantes, il n'est pas vrayement obligé, *nimirum deficiente conditione*. Aussi qu'il n'y a nulle apparence que le cedant soit contraint auant ces hypotheques discutees, pource qu'elles sont obligees à luy-mesme pour son recours, de sorte qu'aussi-bien faudra-t il qu'il les fasse vendre par apres.

21 Nonobstant tout cela, il faut tenir qu'il suffit de discuter les biens qui sont en la possession du debiteur, ce qui est expressement decidé par cette Nouelle 4. qui ayant ordonné que le fideiusseur doit estre discuté premier & auant les hypotheques alienees depuis la fideiussion, adiouste que non seulement cela doit auoir lieu aux simples debtes, mais aussi à l'esgard du βεβαιώτης, ou fideiusseur de l'euiction, ainsi qu'il a esté monstré cy dessus, Chapitre 4 se rapporter directement au cedant qui a promis *fournir & faire valoir la rente*. De sorte que suiuant cette Nouelle, non seulement le cessionnaire n'est tenu de discuter les hypotheques alienees auant que s'addresser à son cedant, mais mesme s'il s'addressoit aux detempteurs de ces hypotheques, ils pourroient demander que le cedant fust discuté auparauant eux tout ainsi que le fideiusseur.

22 Ce qui pourtant ne peut auoir lieu en France, pource que le cedant a l'hypothequaire contre ceux de son chef, & la Nouelle presuppose que le fideiusseur n'eust aucune hypotheque, mais seulement vne action personnelle pour son indemnité: mais l'autre consequence demeure tousiours, que le creancier ny le cessionnaire n'est tenu discuter les hypotheques alienees auant que s'addresser au fideiusseur, ou au cedant. Et quant à ce qu'on dit que celuy qui a promis *fournir & faire valoir*, n'est que conditionnellement obligé, en cas que les hypotheques ne soient suffisantes, faut se souuenir de ce qui a esté dit cy-dessus, que la difficulté & la longueur excuse quelquefois la parfaite discussion; notamment qu'il n'est pas raisonnable de contraindre celuy qui a vne discussion à faire, de faire deux decrets l'vn apres l'autre.

DE LA GARENTIE DES RENTES SVR LE ROY.

SOMMAIRE DIXIESME.

1 *S'il faut discuter vn Prince.*
2 *S'il faut discuter le Roy.*
3 *Difference entre le Roy & le particulier en cette matiere.*
4 *Que la discussion n'a lieu à l'égard du Roy.*
5 *Raisons au contraire.*
6, 7 *Réponses à icelles.*
8 *Pourquoy est inuentée la clause,* Nonobstant le fait du Prince.
9 *Obiection qui concerne l'Estat.*
10 *Exemple notable d'Aratus Roys des Sycioniens.*
11 *Pourquoy le Parlement appointe souuent ces causes au Conseil.*
12 *Cas ausquels il les vuide au profit des cessionnaires.*
13 *Renuoy d'autres questions au Liure de Monsieur Barquet.*

CHAPITRE X.

VR le propos de ce qui vient d'estre dit, que la difficulté sert quelquefois d'excuse à la discussion, on demande s'il faut discuter vn Prince, notamment au cas de cette clause de *fournir & faire valoir*, qui signifie *debitorem idoneum esse, & debitum exigi posse. Atqui debitor idoneus dicitur non solùm facultatibus, sed etiam conueniendi facilitate, l. 2. ff. qui satisd. cog. & debitor* (*nedum idoneus debitor*) *is est, à quo inuito exigi pecunia potest.*

2 Neantmoins il est vray qu'il faut discuter les Princes comme les autres, aussi

y a-t-il Iustice contr'eux en France. Et bien qu'il y ait plus de difficulté à les discuter que les particuliers, si est-ce que cette difficulté a peu & deub estre preueuë par le cessionnaire de la rente, lors qu'il l'a achetée: que s'il se vouloit exempter d'icelle, il a deub stipuler par clause expresse, ce que possible le cedant n'eust voulu accorder de sa part. Ce qui soit dit à l'égard des Princes non Souuerains, & qui sont sujets aux loix; mais à légard du Prince Souuerain qui est par dessus les loix, c'est la grande question qui de long-temps Θεῶν ἐπὶ γούνασι κεῖται, sçauoir, dis je, si en vne rente cedée sur le Roy, qui iamais n'est soluable, & ne peut estre discutée, le cessionnaire peut auoir recours contre son cedant en vertu de la clause de *fournir & faire valoir*, ou celle de *payer soy-mesme*, quand le Roy ne veut point payer la rente.

3 Car il y a bien de la difference entre le Roy & le particulier: pource que si le particulier ne veut payer, on l'y peut contraindre tant qu'il a dequoy; & quand il n'y a plus rien, il est par consequent discuté, & il y a lors recours contre ledit cedant. Mais au contraire le Roy n'est iamais insoluable; mais aussi quand il ne peut pas payer, il n'y peut estre contraint. Et comme deux choses sont requises pour faire qu'vne debte soit bonne, à sçauoir les moyens & la conuention: si vn particulier a les moyens, la conuention n'en est iamais impossible, tout au contraire au fisque, les moyens y sont tousiours, mais si la volonté de payer n'y est, la conuention est totalement impossible.

4 Puis donc que *fournir & faire valoir* est *præstare debitum exigi posse, seu præstare quanto minus à reo exigi possit*, il s'ensuit manifestement que cette clause donne recours contre le cedant, quand le fisque ne veut pas payer, suiuant cette loy *Debitor. de verb. signif.* Autrement és rentes du Roy, cette clause ny celle de *payer soy-mesme*, ne seruiront de rien, si elles n'auoient lieu qu'apres actuelle discussion, comme entre particuliers. Ioint aussi qu'on dit, que quand le Roy ne veut payer, la discussion est toute faite. Et de fait les Interpretes de Droict ont tenu vnanimement sur l'Auth. *Præsente. C. de fideiuss.* que *fisco debitori beneficium discutionis locum non habet.*

5 Ces raisons sont merueilleusement pregnantes, & à mon aduis du tout vrayes en bonne Iurisprudence, neantmoins on dit au contraire, que c'est vne regle perpetuelle en droict, que *post venditionem periculum ad emptorem spectat*, & qu'on ne peut déroger à ce droict commun, sinon par vne expression speciale. Aussi que pour se soûmettre valablement aux cas fortuits & inopinez (comme le fait du Prince est sans doute vn cas fortuit, & est proprement *vis maior*) il les faut particulierement exprimer. *leg. Sed & si quis* §. *Quæsitum. ff. si quis caution.* Encore est-ce tousiours chose étrange & injuste, que le vendeur qui n'a plus rien en la chose, supporte eternellement les cas fortuits qui tombent, non sur les hypotheques & asseurances externes de la chose, mais directement sur la chose mesme, tout ainsi qu'il n'y a point d'apparence de dire que l'acheteur d'vne maison, sous pretexte que son vendeur a promis la *garantir, fournir & faire valoir*, ait recours contre luy, s'il arriuoit que dix ans apres la vente, elle soit bruslée & abbatuë.

6 A quoy on répond qu'il y a bien de la difference entre les choses corporelles & les incorporelles, comme les rentes. Es corporelles la clause de *fournir & faire valoir*, apposée en la vente ne sert de rien, mais cette clause a esté inuentée seulement pour la garantie de fait, des debtes & des rentes, où il est bien requis vne garantie plus speciale, pource qu'on achete ce qu'on ne void point, & qui n'a point de subsistance visible.

7 Et quant à ce qu'on dit de l'expression particuliere des cas fortuits, on répond que le manquement des rentes du Roy, qu'on appelle fait du Prince, est bien vn cas fortuit, mais non pas posterieur au transport; ou du moins, qu'il n'estoit pas impreuisible; car l'authorité du Prince precede le transport, encore que son effet qui est le diuertissement des assignations destinées pour payer ces rentes, soit posterieur. Qui est en passant vn poinct, qui meriteroit bien d'estre épluché: parce qu'il vuideroit vne autre question, si en la simple promesse de garantie des rentes du Roy, il y a en ce mesme cas recours contre le cedant, attendu ce qui a esté dit cy-deuant au chap. 3. que la simple promesse de garantie rend le vendeur tenu des accidens suruenus auparauant la vente.

8 Et toutefois pource qu'aucuns ne peuuent admettre cette consideration, ny l'autre aussi, que celuy qui a acheté vne rente sur le Roy, deuoit considerer & preuoir que cette rente dependoit de sa pure volonté, & qu'il ne pouuoit estre contraint & discuté; & partant que si en defaut que le Roy le voulust payer, il entendoit auoir recours contre son cedant, il l'a deub faire exprimer par son Contract; cela a esté cause d'auoir inuenté vne clause particuliere pour les transports des rentes du Roy, ou du moins vne addition à la clause de *fournir & faire valoir*, en ces mots ou autres semblables, *nonobstant le fait du Prince, cas d'hostilité, retardement de deniers, détournemens d'assignations, changement de monnoye, & generalement tous cas fortuits, & inopinez, exprimez & non exprimez.*

9 Il y en a encore vne objection qui porte vn grand coup, à sçauoir le grand broüillement que ce seroit, si on jugeoit indistinctement ces rentes redhibitoires, pource que depuis prés de cinquante ans qu'on a commencé d'en constituer, *multa hæreditatibus, multis*

emptionibus, multa dotibus tenentur, & telle de ces rentes a desia passé par plus de douze mains qui seroit consequemment mettre autant de familles en peine, pour vne seule rente, au lieu que maintenant il n'y a qu'vn seul homme qui en reçoiue incommodité : & il arriueroit en ce faisant, que tel qui depuis quarante ans a vendu vne rente, maintenant qu'il ne s'en souuient plus, se trouueroit tout à coup accablé & ruiné, pour auoir suiuy la foy publique. Partant on conclud, puis qu'il faut que ce manquement tombe sur quelqu'vn, qu'il vaut mieux qu'il tombe sur vn que sur plusieurs; & encore sur celuy qui se trouue à present Seigneur de la rente, plustost que sur ceux qui n'y ont plus rien.

10 Mais cét inconuenient est vn poinct d'Estat, & vne consideration trop generale, qui ne regarde pas au droit des particuliers, ny à la foy des Contracts, laquelle neantmoins est vn des plus asseurez fondemens d'vn Royaume, comme raisonne fort à propos Ciceron, *lib. 1. de Off.* où il dit que sur vne pareille repugnance du repos public à la iustice particuliere, Aratus Roy des Sicyoniens fut si bon apres la guerre finie, que d'emprunter vne immense somme d'argent, & payer à chacun des particuliers, ce qui luy appartenoit, encore qu'il ne le deust pas, afin de donner à son peuple & la Iustice & le repos tout ensemble. *O dignum hominem* (adiouste Ciceron) *qui in Republica nostra natus fuisset!*

11 Mais pource que la necessité des affaires publiques nous a tousiours éloignez d'vn semblable expedient, la Cour de Parlement auparauant ces troubles selon sa prudence & discretion ordinaire, auoit coustume d'appointer tels differends au Conseil, qui estoit à dire les pendre au croc, imitant le fait de Popilius Lenas, & des Areopagites, rapporté par Val. Maxime; ne voulant d'vn costé debouter les cessionnaires de leur demande, qu'elle reconnoissoit iuste, ou d'ailleurs en vuidant la cession generale à leur profit, troubler le repos de plusieurs familles : mais sur tout elle ne vouloit point par ses Arrests donner vne mauuaise esperance de ces rentes, pource qu'elle esperoit que pendant cette surseance des procez, il pourroit écheoir vne saison si tranquille, que le Roy auroit & le moyen, comme pacifique, & la volonté comme bon pere de son peuple, de s'acquiter de telles debtes.

12 Mais lors que parmy ce contrepoids & cét equilibre de difficulté, il se rencontroit quelques circonstances particulieres, qui fissent pancher la balance du costé des cessionnaires, la Cour jugeoit presque tousiours à leur profit : comme quand la clause de soumission au fait de Prince ou de *payer soy-mesme*, estoit inserée au Contract : pareillement en tous Contracts de mariage, de partage, ou d'échange, elle ne faisoit, & ne fait point encore de difficulté de donner recours contre le cedant : non qu'à le bien prendre en ces Contracts, il y ait plus étroite & plus precise obligation à la garantie qu'aux Contracts de vente; mais pource qu'és Contracts de partage & mariage il y a quelque plus grande faueur : & que l'échange est plus facile à resoudre que la rente, pource que chacun en l'échange retrouue sa chose : ce qui n'est pas en la vente, où l'argent se consomme.

13 Cecy meriteroit d'estre mieux approfondy & traité plus au long, veu qu'il y a plusieurs autres belles questions touchant ces mesmes rentes : mais il me fasche de manier long-temps vne playe si sensible, joint que Monsieur Bacquet les a nettement traitées en son Liure du transport des rentes.

SI LE CESSIONNAIRE A RECOVRS CONTRE LE CEDANT apres le decret, ou prescription des hypotheques.

SOMMAIRE ONZIESME.

1 *Que l'insuffisance de la rente peut prouenir de trois causes.*
2 *Quand elle prouient du fait du cessionnaire, il n'a aucun recours.*
3 *S'il a recours quand elle prouient de sa negligence.*
4 *Qu'il semble auoir recours en ce cas.*
5 *L'exception* cedendarum actionum.
6, & 7 *Resolution au contraire, & raisons d'icelle.*
8, & 9 *Réponses aux raisons contraires.*
10 *Que celuy qui laisse prescrire ou decreter les hypotheques, ne laisse d'auoir son action entiere contre les tenus directement.*
11 *Qu'il n'a plus d'action contre les tenus subsidiairement.*
12, & 13 *Conciliation de la loy* Si fideiussores, *auec la loy* Fideiussor. ff. de fideiussoribus.
14 *Qu'en rentes la negligence sur les meubles ne nuit contre le subsidiairement obligé.*
15 *Qu'elle nuit és debtes promptement exigibles.*
16 *Qu'il faut veiller sur la generale hypotheque, aussi bien que sur la speciale.*
17 *Raisons pourquoy.*
18 *Conclusion de ce discours.*
19, & 20 *Quels cedans ne peuuent estre inquietez apres le decret ou prescription des hypotheques.*
21 Quid *si le cedant a sommé son cessionnaire, & quand cette sommation sert.*

CHAPITRE XI.

QVAND par la discussion le debiteur de la rente se trouue insoluable, il se connoist quelquefois que son insoluabilité est arriuée apres le transport : ce qui peut arriuer en trois façons, sçauoir est, ou par cas fortuit, comme quand il est appauury par quelque fortune, ou par le fait du cessionnaire, comme quand il a déchargé volontairement quelque hypotheque, ou par sa negligence, pour auoir laissé prescrire les hypotheques de la rente. Si c'est par cas fortuit, il a esté amplement prouué cydessus par deux chapitres entiers, que telle insuffisance est au dommage du cedant, quand il a promis *fournir & faire valoir* la rente, suiuant la decision de la loy *Amissi. ff. de fideiussor.* Ce qui doit auoir lieu à plus forte raison, quand il a promis la *payer soy-mesme.*

2 Au contraire, quand l'insuffisance est arriuée par le fait du cessionnaire de la rente, pour auoir déchargé volontairement l'vn des obligez, ou quelqu'vne des hypotheques d'icelle, il n'y a nul doute qu'il n'y a point de recours à ce regard contre le cedant; tant pource que la promesse de *fournir & faire valoir*, & mesme celle de *payer soy-mesme*, n'emportent qu'vne obligation subsidiaire, qu'attendu aussi la regle de droict, que *Alteri per alterum iniqua conditio inferri non debet:* de sorte que mesme le coobligé, & tout autre qui est tenu sans discussion, *habet exceptionem cedendarum actionum*, par laquelle il exclud & repousse son creancier, quand il ne luy peut plus ceder ses actions contre les autres coobligez, ou sur les hypotheques, pour les auoir volontairement consommées & amorties. *l. Si pupillus. ff. de administ. tut. l. Cùm possessor. ff. de censibus. l. Stichum. §. si creditor. ff. de solut. & l. Iubemus. C. ad Velleianum:* qui est vn poinct de droict fort remarquable.

3 Mais la grande difficulté est, quand sans le fait ny la faute du cessionnaire, mais par sa seule negligence les hypotheques de la rente sont éteintes & amorties, comme quand le cessionnaire les a laissé decreter ou prescrire (qui sont les deux moyens receus en France, pour purger des hypotheques) sçauoir si par apres il a recours contre son cedant en vertu de la clause de *fournir & faire valoir*, ou celle de *payer soy-mesme.*

4 Il semble d'abord qu'ouy, pource qu'il a pû sans hazard ne point prendre garde, mesme apertement negliger d'entrer en procez, pour empescher ou le decret ou la prescription des hypotheques; sçachant que d'ailleurs il estoit bien asseuré, comme ayant vn bon garant, sur lequel il se reposoit. Autrement il seroit plus vtile de n'auoir point d'hypotheques, que d'en auoir beaucoup, & d'estre tenu y auoir tousiours l'œil, & entreprendre à tout propos des procez pour empescher qu'elles soient decretées ou prescrites, veu mesme que le cedant de la rente se deuoit souuenir qu'il estoit demeuré obligé à la *fournir & faire valoir*, & à la *payer soy-mesme*; & partant que le cessionnaire duquel il estoit garant, ne pouuoit rien perdre, tant que luy cedant auroit dequoy payer la rente, & consequemment que c'estoit à luy à s'opposer au decret, ou interrompre la prescription des hypotheques.

5 Aussi l'exception *cedendarum actionum*, dont nous venons de parler n'a iamais lieu, sinon quand il y a du fait ou de la faute de celuy contre qui elle est opposée, & non pas de la simple negligence, pour auoir laissé prescrire ou decreter les hypotheques, comme il se collige des loix qui ont parlé de cette exception, qui supposent toutes precisement, le fait ou la faute du creancier: & comme tous les Interpretes ont tenu, & notamment du Molin l'a decidé clairement au Traité *De vsuris, quæst. 99. num. 673.*

6 Toutefois le contraire est veritable, que le cessionnaire de la rente, apres auoir laissé prescrire ou decreter les hypoteques d'icelle, n'a plus de recours, à l'égard de leur valeur, contre son cedant, mesme en la simple clause de *fournir & faire valoir:* pource qu'estant parfaitement seigneur de la rente, c'est à luy d'en auoir le soin, comme il en a le profit, & non pas au cedant qui desormais n'y a plus rien, & n'en a aucun profit: aussi que la promesse de *fournir & faire valoir*, n'emporte sinon que la rente soit constituée & assignée sur des hypotheques suffisantes, esquelles le seigneur de la rente doit desormais maintenir & conseruer son droit, comme vn bon pere de famille doit veiller sur son bien, duquel il est libre moderateur & arbitre, dit la loy; & luy doit suffire que son cedant demeure obligé aux cas fortuits qui peuuent arriuer en icelles, en quelque temps que ce soit, sans le vouloir assujettir (luy qui ne pense plus à la rente, dont il n'a plus de profit) de veiller sur les hypotheques d'icelle.

7 Et finalement (qui est vn poinct où il n'y a aucune réponse) puis qu'ainsi est, le cessionnaire est tenu de discuter tout à fait ses hypotheques, auant que son cedant puisse estre poursuiuy; à plus forte raison est-il tenu d'en empescher le decret & la prescription d'icelles; ce qui est bien plus aisé que de les discuter & faire decreter luy-mesme.

8 Cela ne nuit point de dire qu'il seroit plus vtile au cessionnaire d'auoir moins d'hypotheques que d'en auoir plusieurs; car cet argument est reciproque, & on peut dire que s'il n'y eust eu plusieurs hypotheques suffisantes, sur lesquelles le cedant s'est asseuré quand il a

promis *fournir & faire valoir la rente*; sçachant que par le moyen d'icelles, attendu qu'il les falloit discuter toutes, auant que s'addresser à luy, il ne seroit iamais en peine pour la rente; il n'eust iamais promis la *fournir & faire valoir*, & plustost ne l'eust il iamais cedee. *Alienae igitur cessationis vitium ad eius dispendium pertinere non debet*, comme dit la loy 1. *C. de diuid. tut.*

9 Pareillement cela est inutile de dire que l'exception *cedendarum actionum* n'a lieu que quand l'hypotheque a esté amortie par le fait ou faute du creancier. Car il faut prendre garde que iamais en droict cette exception ne pouuoit competer qu'à ceux qui estoient tenus directement & sans discussion, pource que ceux qui n'estoient tenus que subsidiairement, n'auoient que faire de demander cession d'action; mais demandoient discussion entiere d'icelles, sans laquelle faire prealablement, ils ne pouuoient estre conuenus. Et ce qu'aux loix cy-dessus alleguées il est dit que cette exception *cedendarum actionum* compete aux fideiusseurs & tiers detempteurs des heritages hypothequez, est à cause que selon le droict des Digestes & du Code les fideiusseurs & tiers detempteurs estoient tenus directement & sans discussion, ne leur ayant le benefice de discussion esté attribué, que par la Nouelle 4. comme il a esté dit cy-deuant.

10 Faut donc tenir pour certain & infaillible, que ceux qui sont tenus directement & sans discussion (comme estans plus étroitement liez) ne peuuent pas estre déliez & desobligez, sous pretexte que le creancier aura laissé prescrire ou decreter vne hypotheque, pource que pour leur produire l'exception *cedendarum actionum*, il faut qu'il y ait du fait ou de la faute du creancier, & non de la simple negligence ou obmission. Aussi que le creancier ayant d'autres hypotheques directes & non subsidiaires, ou d'autres coobligez, contre lesquels il auoit son action prompte & parée, *sciebat ius suum durare*, encore qu'il laissât prescrire, ou decreter l'vne des hypotheques, ou décharger, sans son fait, l'vn des coobligez. Ainsi pratiquons nous notoirement, que si le seigneur d'vne rente fonciere assignée solidairement sur plusieurs heritages, laisse prescrire ou decreter partie d'iceux, il ne peut par apres demander toute sa rente aux detempteurs des autres heritages: de sorte que c'est à eux, qui sont tenus directement & sans discussion de la rente, d'empescher cette prescription au decret.

11 Mais c'est toute autre chose aux obligez subsidiairement, qui ne sont tenus qu'apres discussion, ou sous condition de l'insuffisance des principaux obligez, *quantumuis à reo eiusque pignoribus seruari poterit.* Car si le creancier laisse prescrire ou decreter les hypotheques d'iceux, c'est à son dommage: dautant que par apres on ne peut pas dire, que la condition soit arriuée, au contraire ils peuuent dire, que *à reo eiusque pignoribus debitum seruari potuit.*

12 Ce qui peut estre confirmé clairement par la conference de deux belles loix du titre *De fideiussoribus ff.* qui semblent formellement contraires l'vne à l'autre, & ne le sont pas toutefois. L'vne est la loy *Si fideiussores. 41.* qui dit que le fideiusseur subsidiaire ne peut estre conuenu apres que le creancier a negligé de faire payer le principal debiteur, & qu'apres cette negligence, il est deuenu insoluable: L'autre est la loy *Fideiussor. 63.* qui dit au contraire, qu'en ce mesme cas le fideiusseur peut estre conuenu; encore mesme qu'auparauant l'insuffisance arriuée au debiteur, il eust sommé le creancier de se faire payer, & qu'il n'en eust tenu compte.

13 Mais il faut obseruer que la premiere Loy parle expressément du fideiusseur subsidiaire: voicy ses mots; *Si fideiussores in id accepti sint, quod à debitore seruari nequiret:* La seconde parle du fideiusseur pur & simple, qui selon le droict du Digeste & du Code, estoit tenu directement & sans discussion. C'est pourquoy la negligence du creancier ne luy produisoit point d'exception, bien mesme qu'il l'eust sommé de se faire payer: au contraire cessant mesme cette sommation, la simple negligence du creancier libere le fideiusseur subsidiaire, pource qu'il n'estoit tenu que sous condition qu'il n'y eust moyen de se faire payer par le principal debiteur: ce qui est de mesme en celuy qui a promis *fournir & faire valoir la rente.*

14 Fors qu'il y a vne petite difference entre celuy qui a promis *fournir & faire valoir*, ou vne rente ou vne simple debte: à sçauoir que la rente estant perpetuelle de sa nature, & pourtant reputée immeuble, doit estre assignée sur des hypotheques immobiliaires, suffisantes pour estre reputée bonne & bien soluable. C'est pourquoy quand mesme au veu & sceu du cessionnaire le debiteur d'icelle auroit consommé ses meubles, le cedant ne luy en pourroit rien imputer, attendu mesme qu'on n'en peut pas exiger le rachapt, comme d'vne debte à vne fois payer: de sorte qu'il n'y a rien qui puisse produire exception ou décharge à celuy qui a promis *fournir & faire valoir vne rente*, que quand le creancier d'icelle en a laissé prescrire ou decreter les hypotheques.

13 Mais s'il estoit question d'vne simple debte promptement exigible, le cessionnaire de laquelle eust laissé par sa negligence consommer par le debiteur d'icelle plusieurs biens meubles, tellement qu'il apparust qu'il seroit deuenu insoluable à cause de cette negligence; alors il y a grande apparence que le cedant, qui auroit promis icelle *fournir & faire valoir*, & tout autre obligé subsidiaire n'en seroit plus tenu, par la raison de la loy 1. *C. de diuid. tutela.*

16 Concluons donc que la simple negligence du creancier ne descharge point le coobligé, & tout autre qui est tenu de la rente directement & sans discussion; mais bien qu'elle descharge l'obligé subsidiairement. En quoy neantmoins il y a vne exception, ou plustost modification, à sçauoir que celuy qui auoit vne speciale hypotheque, & vne generale sans la clause, *sans que la generale déroge à la speciale*, &c. doit veiller sur l'vne & l'autre hypotheque, encore qu'en ce cas la generale ne soit que subsidiaire à la speciale, tellement que s'il laisse prescrire ou decreter l'hypotheque generale, il n'a plus de recours à ce regard contre son cedant ou autre subsidiairement obligé: & ce pour deux raisons.

17 L'vne que la discussion de la speciale hypotheque ne peut estre opposee par le debiteur, mais seulement par ses creanciers, ou le tiers detempteur, comme on tient pour tout certain: l'autre que cela n'empeschoit point, qu'il ne se peût opposer au decret pour la conseruation de son droict, ou qu'il n'intentât l'action en declaration d'hypotheque, pour interrompre la prescription; ce que partant il a deu faire.

18 Tant y a que le cedant qui a promis *payer soy-mesme la rente*, en defaut du debiteur d'icelle, ne peut plus estre attaqué par le cessionnaire, qui a laissé decreter ou prescrire les hypotheques de la rente: ce qui se doit entendre iusques à la concurrence de ce qui eust pû estre tiré de ses hypotheques, si elles n'eussent point esté prescrites ou decretees: lesquelles deux resolutions dernieres ont esté expressement decidees & iugees par cét Arrest solennel de l'an 1604. cy-deuant rapporté.

19 Puis donc qu'il a esté dit au chapitre 8. que le cedant qui a promis *payer soy-mesme la rente*, sans cette addition, *en defaut du debiteur*, ny autre queuë, n'est tenu apres discussion du debiteur, il s'ensuit par la regle de ce chapitre, que le cessionnaire qui a laissé prescrire ou decreter les hypotheques d'icelle, n'a point de recours contre luy. Au contraire, puisque celuy qui a promis *payer soy-mesme sans aucune diligence sur le debiteur*, est tenu directement du payement de la rente, il s'ensuit par cette mesme regle, que la negligence du cessionnaire qui a laissé prescrire ou decreter les hypotheques, ne le descharge pas.

20 Que si donc si ce cedant a sommé son cessionnaire de s'opposer au decret, ou d'interrompre la prescription d'vne hypotheque, & qu'il ne l'ait daigné faire, sera-t-il pas au moins deschargé? il semble que non par la decision expresse de cette loy *Fideiussor. De fideiuss.* Mais il faut prendre garde qu'elle parle d'vne debte exigible, où telle sommation ne sert de rien, pource que le fideiusseur, qui en estoit tenu directement lors, la deuoit payer luy-mesme, & prendre cession d'actions du creancier, & en vertu d'icelles faire luy mesme, ce qu'il le sommoit de faire: c'est pourquoy quant aux arrerages de la rente, escheus lors de cette sommation faite par le cedant au cessionnaire, la sommation ne profite de rien: car il falloit payer, & non pas sommer. Mais au regard du principal de la rente, qui n'est pas exigible, sans doute que cette sommation constituë le cedant en vraye demeure; veu mesme que c'estoit luy, auquel l'action hypothequaire residoit pour s'opposer au decret, ou interrompre valablement la prescription; ioint qu'il auoit les titres de la rente.

21 Reste la difficulté en celuy qui a promis payer soy-mesme apres vn simple mandement fait au debiteur, sçauoir s'il peut estre attaqué apres que le cedant a laissé prescrire ou decreter les hypotheques. Et quant à moy, i'estime en vn mot, que puis que le cedant a assez declaré par ces mots: Qu'il ne se vouloit charger de plaider contre le debiteur, ny de ses biens; que ce n'estoit à luy, ny à former opposition au decret, ny à intenter action pour interrompre la prescription des hypotheques, puis que le cessionnaire ne s'estoit voulu charger d'autres, que de faire vn simple commandement au debiteur.

SI LA CLAVSE DE *PAYER SOY-MESME* A EXECVTION PARE'E.

SOMMAIRE DOVZIESME.

1 *Que les executions sont de droict estroit.*
2 *D'où vient le mot* d'execution parée.
3 *Qu'au droit Romain les contracts n'auoient execution parée.*
4 *Premier remede qu'on y a apporté en France.*
5 *Autre remede de faire les contracts guarantigez, ou confessionnez, & comment.*
6 *Comment enfin tous contracts liquides ont execution parée.*
7 *Qu'il faut qu'ils soient liquides en trois façons.*
8 *Comment ils doiuent estre liquides à l'égard des personnes.*
9 *Comment à l'égard des choses.*
10 *Que les indemnitez ne produisent execution parée, si la promesse de payer n'y est inserée.*
11 *Comment les contracts sont liquides, quant à la forme de l'obligation.*
12 *Cas auquel la clause de* payer soy-mesme, *n'a execution parée.*
13 *Cas auquel elle a execution parée.*
14 *Troisiéme cas plus douteux que les deux precedens.*
15, & 16 *Qu'en ce cas elle a execution parée, & pourquoy.*

CHAPITRE XII.

FINALEMENT il se fait vne autre question fort importante sur cette mesme clause *de payer soy-mesme*; sçauoir si elle emporte execution parée, ou bien si elle produit vne simple action. Car c'est sans doute que les executions sont de droit estroit, *In quibus qui cadit syllaba, cadit iure*: & on pratique, qu'encore qu'execution soit faite pour chose deuë, si toutefois le saisissant n'auoit execution parée, elle ne laisse d'estre declaree tortionnaire, & luy condamné és despens, dommages & interests, sauf à se pouruoir par action: en quoy on void bien souuent, que ceux qui se pensent trop haster, se trouuent bien reculez.

2 Il est donc besoin de traitter en passant, quand & comment les Contracts ont execution parée; qui est vn terme escorché du Latin, & emprunté d'vn mot, qui a esté supposé pour vn autre en la loy XVI. *De minoribus*; qui estoit fort à propos de cette matiere. *Minor xxv. annis, cui fideicommissum solui pronuntiatum erat, cauerat ipse accepisse, & cautionem eidem debitor quasi creditæ pecuniæ fecerat, in integrum restitui potest: quia partam ex causa iudicati executionem nouo contractu ad initium alterius petitionis redegerat*; où vulgairement on lit, *Paratam executionem*, au lieu de *Partam*; & de là nous auons pris en nostre Pratique Françoise le mot *d'execution parée*.

3 Or de cette loy, ensemble de la loy 2. *C. de exec. rei iud.* il appert clairement, qu'au Droict Romain les seules Sentences auoient execution parée, & non les Contracts, qui produisoient seulement leurs actions, sur lesquelles on obtenoit les iugemens, lesquels par apres on faisoit executer. Ce qui est dit élegamment en la loy 1. *C. eod. tit.* & qui est conforme à la Loy Diuine au Deuteron. Chapitre 24.

4 Mais pour éuiter ce long circuit, on s'auisa premierement de mettre aux Contracts vne clause de constitution d'vn Procureur special & irreuocable: pour passer en iugement condamnation du contenu en iceux, & mesme pour receuoir le commandement de payer; afin que ce fait, on peût indirectement venir à l'execution, comme remarque Rebuffe sur les Ordonnances.

5 Depuis, pour encore abreger cette ceremonie inutile, on inuenta les Contracts garantigiez ou confessionnez, au contexte desquels l'obligé, apres auoir confessé & s'estre soûmis au payement, y estoit à l'instant condamné de son consentement par le Notaire, qui est appellé pour cette cause, *Iudex chartularius*; & portoit le Contract, que les parties estoient estees à droit pardeuant luy; & de là vient, qu'encore aucuns Notaires mettent, que les parties sont comparuës pardeuant eux, comme en droit iugement: & cette pratique est tiree de la loy vnique, *Cod. de confess.* où elle est traittée par les Interpretes, & principalement par le docte Praticien Faber.

6 Enfin fort à propos l'Ordonnance de 1539. sur l'abreuiation des procez, pour retrancher ce circuit frustratoire du Droict Romain, & ces clauses extraordinaires des Contracts, a disposé que les lettres obligatoires passees sous Seel Royal (& encore sous Seel authentique, par les domiciliez sous iceluy) seroient executoires sur tous les biens, meubles & immeubles des obligez. Ce qui a esté aussi inseré en la Coustume de Paris, article 164. & voilà comment l'execution parée a esté attribuee aux Contracts aussi bien qu'aux iugemens.

7 Mais aussi par la mesme Ordonnance & Coustume, il est defendu expressement de faire execution pour chose non liquide; & nous tenons en Pratique, qu'il faut pour auoir execution paree, que le Contract soit entierement liquide, & quant aux personnes contractantes, & quant à la chose promise, & quant à la forme & maniere de l'obligation.

8 Pour les personnes, il faut que l'execution se fasse seulement sur les mesmes personnes qui ont parlé au Contract, non sur les heritiers, ny sur la vefue pour sa part de la communauté; supposé mesme que leurs qualitez soient notoires, & qu'ils en vueillent demeurer d'accord: car alors il faut venir par action, & faire declarer le Contract executoire contr'eux, comme il estoit contre le defunt. Encore on a long-temps douté si l'heritier, la vefue, ou le cessionnaire du creancier pouuoient faire mettre le Contract à execution: & bien que presque tous les modernes Praticiens François ayent écrit que non, si est-ce que l'vsage est passé au contraire.

9 Pour le regard de la chose promise, il faut premierement que l'obligation soit *ad dandum, non ad faciendum, quia obligationes ad faciendum resoluuntur in id quod interest*, qu'il faut auparauant liquider, & encore il faut qu'elle soit, non pour autre chose meuble ou immeuble, mais precisement pour vne somme de deniers certaine & liquide, ou du moins pour quelque espece qui consiste en poids, nombre ou mesure, encore en ce cas, auparauant que de parfaire l'execution, il faut adiourner le debiteur pour voir apprecier l'espece.

10 C'est pourquoy les répondans ne sont fondez en vertu de leurs Contracts d'indemnité de proceder par execution à l'encontre des debiteurs; pource qu'acquiter & indemniser, est

vne obligation *ad faciendum, non ad dandum. l. Fideiussor pro ff. de euict.* Aussi les bons Notaires & les contractans aduisez adioustent aux contracts d'indemnité, vne clause fort notable pour produire execution parée, à sçauoir que le debiteur en defaut de payement par luy fait au creancier dans tel temps, ou d'apporter décharge au fideiusseur de son interuention, s'oblige & promet par ce mesme contract de payer la mesme somme au respondant, pour estre employee par ses mains au payement de la debte, à sa descharge & liberation.

11 Finalement, quant à la forme de l'obligation, il faut qu'elle soit pure & simple, claire & certaine, non suspenduë ny modifiee par aucune condition; bref qu'il ne puisse écheoir aucune difficulté sur l'execution d'icelle.

12 Cela presupposé, il faut distinguer les diuerses formes, esquelles cette clause peut estre conceuë. Car si elle ne contient autres termes que *payer soy-mesme*; il est aisé à entendre, puis qu'il y eschet discussion, qui par apres doit estre declaree valable par le Iuge, qu'il se faut pouruoir par simple action, à ce qu'attendu cette discussion, le cedant soit condamné payer la rente & arrerages.

13 Au contraire, quand cette clause est conceuë en tels termes, que non seulement la discussion, mais mesme tout commandement & diligence à faire sur le debiteur de la rente, est expressement exclus; comme si le cedant a promis *payer & continuer soy-mesme la rente au cessionnaire & acheteur, sans qu'il soit tenu faire aucun commandement ou diligence à l'encontre du debiteur d'icelle*, alors sans doute cette clause produit execution paree: pource qu'elle fait que le contract est plustost vne constitution de rente sur le vendeur, qu'vne vendition de rente desia constituee; & que le transport de la rente y mentionné, est plustost vne simple assignation de debte, qu'vne vraye vente.

14 Mais au cas metoyen, quand le cedant promet *payer soy mesme, en defaut de payement fait par le debiteur, & apres vn commandement à luy fait, & qu'il aura fait refus de payer*, il semble qu'il y a trois conditions ensemble; à sçauoir si le debiteur ne paye dans le temps, si le commandement luy a esté fait, & si sur ce commandement il en a fait refus, consequemment qu'il faut que chacune de ces trois conditions soit purifiee par vne Sentence, auant qu'on puisse proceder par voye d'execution.

15 Et toutefois ie suis d'opinion contraire: pource que quant à la premiere condition, sçauoir si le debiteur a payé dans le temps, outre qu'elle est negatiue, & n'a par consequent tant d'effet suspensif, qu'vne condition affirmatiue; joint que la preuue du defaut d'icelle doit venir de la part de l'obligé; il faut considerer que c'est vne condition qui est taisible & sous entenduë en tous contracts. Car quand on s'oblige de payer, cela s'entend si la debte n'est payee auparauant par l'obligé ou par autre à son acquit. Or il est certain que *conditio, quæ tacitè inest, non suspendit dispositionem, l. 3. ff. de leg. 1.* Ce qui semble bien decidé en la loy *Si decem. ff. de verb. obl. Accedit*, que si le payement se trouue auoir esté fait par le debiteur, c'est vn bon moyen d'opposition; & ne peut le cessionnaire euiter qu'il ne soit condamné aux dommages & interests: que s'il n'a esté fait, le cedant n'a que dire, qu'il ne satisfasse à sa promesse.

Et quant aux deux autres conditions, *si le commandement & refus a esté fait*, elles sont liquidees & purifiees par l'exploict de commandement fait au debiteur contenant son refus, qu'il suffit que le Sergent executeur ait en main: car il est sans doute que la liquidation, pour donner lieu à l'execution paree, se peut faire *ex coniunctione duarum scripturarum*, comme a tresbien remarqué Rebuffe sur les Ordonnances, qui est la decision de la loy *In sententiis 69. ff. de re iud.* Ie concluds donc que la clause de *payer soy-mesme*, ainsi conceuë à execution paree.

TABLE DES MATIERES

CONTENVES EN CE LIVRE.

Table des Matieres.

FIN.

DISCOVRS
DE L'ABVS
DES IVSTICES
DE VILLAGE.

TIRÉ DV TRAICTÉ DES OFFICES DE C.L.P. non encore imprimé.

ILLVSTRISS. VV.

LVDOV. SERVINO,

IAC. GVÆSLEO, ET SIM. MARIO, GALLICI

Senatus Triumviris Regiis. C. L. P. S. D.

N*VNQVAM, viri Illustriss. inutilis est opera ciuis boni, inquit ille. Equidem subcesiuas operas, quæ mihi ex opere forensi supersunt, scriptioni, scriptionem vsibus forensibus aut rectis explicandis, aut prauis profligandis impendo lubens. Quid enim est, quod in publicum mea ars conferre hoc posit amplius? Sic nuper* De Iure Officiorum *exaraui tres libros: elegantem sanè materiam, & aurei huius seculi moribus valde congruentem, quo plurimus auro venit Honos: sed imprimis difficilem, vt quæ in abusu consistens, nondum in multis articulis certum vsum habet, & qui certus olim fuit, nec sensum cum populi moribus in dies mutatur. Hac de causa, si non in nonum, saltem in alterum aut tertium annum operis illius editionem differre institui. Interim hanc particulam, ac velut specimen,* De abusu paganicarum Iurisdictionum, *putaui publicè forsan referre, non supprimi diutiùs. Id qualecunque est, cui meliùs dicare posim, quàm vobis, viri Illustriss. Galliæ Censoribus, penes quos residet vigor publicæ disciplinæ, & summa Iustitiæ, quique auctoritate solertiáque vestra, &, quâ polletis apud optimum Principem, fide, huius mali curationem (si quam sperare fas est) procurare potestis. Hoc igitur publici animi, & maximè singularis erga vos obseruantiæ meæ testimonium, quæso æqui bonique consulite.*

DISCOVRS DE L'ABVS DES IVSTICES DE VILLAGE.

IL y a enuiron quarante ans, que dans la Bibliotheque du Monastere S. Benoist sur Loire fut trouuée vne Comedie Latine manuscrite, assez belle, intitulée *Querolus*, ou *Aulularia*, que Pierre Daniel (qui depuis l'a annotée) estime auoir esté composée du temps de l'Empereur Theodose, comme de fait elle ressent le style de son siecle. En cette Comedie *Querolus* principal personnage deliberant auec son *Lar familiaris*, quelle vacation ou condition de vie il doit suiure, & ayant déja resolu de n'estre point Officier, prie Lar de le faire deuenir Gentil-homme: *Fac*, dit il, *vt sim priuatus & potens. Lar. Potentiam cuiusmodi requiris? Quer. vt liceat victnos spoliare & cædere. Lar. Latrocinium non potentiam requiris: tamen inueni, vade, ad Ligerim viuito. Illic iure gentium, viuunt homines illic sententiæ capitales de robore proferuntur & scribuntur in ossibus, illic etiam rustici perorant & priuati iudicant, ibi totum licet. O sylvæ, ô solitudines, quis vos dixit liberas! Quer. Robore vti non cupio, nolo hæc iura sylvestri.*

Ces propos nous apprennent, que ce n'est pas d'auiourd'huy qu'il y a en France, & principalement en ces quartiers d'aupres la riuiere de Loire des Iuges sous l'Orme & des Iustices de village. Ce qui se connoist encore par vn passage de Iules Cesar au sixiesme de ses Commentaires, où traitant des mœurs des Gaulois, *apud eos*, dit-il, *in pace nullus est Magistratus, sed principes regionum atque pagorum inter suos ius dicunt, controuersiasque minuunt.* Ce qui signifie que ce peuple vsant de sa franchise naturelle, & du simple droit des gens, estant sans loix & sans magistrats (car ce fut sous Arcadius & Honorius enfans de Theodose, que la Monarchie Françoise commença) se rapportoit de ses differends, & mesme de la punition des coupables aux principaux de chacun Village.

Toutefois apres l'établissement de la Monarchie, des Loix, & des Magistrats, les Gentilshommes de France, n'ont pas laissé d'vsurper en plusieurs endroits cette mesme prerogatiue, de rendre la Iustice entre les habitans de leur village, que pour cette cause, ils appellent leurs subjets: bien que proprement le mot de *subjet* ne se puisse referer qu'au Roy & à ses Magistrats par sa communication, selon le dire de l'Apostre *subditi estote Regi tanquam præcellenti, & Magistratibus tanquam ab eo missis.* Comme aussi en bonne école la Iustice n'appartient qu'au Roy en proprieté qui la tient en fief de Dieu, *à quo omnis potestas, & per quem Reges regnant*, & n'est point communicable aux subjets, principalement aux personnes priuées.

Ce fut vne celebre & memorable contention entre ces deux grands Docteurs de Droict Lothaire & Azon, si la haute Iustice & droict de glaiue, que les Iurisconsultes appellent *Imperium*, appartenoit aux Magistrats par participation & communication du Prince souuerain, ou bien s'ils en auoient le simple exercice, vsage & execution sous le nom & authorité du Prince: & sur cette dispute ayans gagé vn cheual, ils en firent Iuge l'Empereur Henry VII. qui iugea pour Lothaire, que les Magistrats n'auoient que le ministere & exercice du glaiue, & luy adiugea le cheual: & bien que plusieurs ayent dit, que *Lotharius equum tulerat, sed Azo æquum*, si est-ce que les plus doctes modernes ont approuué le iugement de l'Empereur, entr'autres Alciat liu. 2. des parad. cha. 6. du Molin art. 1. glos. 6. de la Coustume, & Bodin liu. 3. chap. 5. de la Repub.

Et mesme quant aux Magistrats, c'est vne autre ancienne & fameuse question entre Platon & Aristote s'ils doiuent estre à vie, ou à certain temps seulement: dont Bodin rapporte les raisons de part & d'autre liu. 3. chap. 4.

Mais il n'y eut iamais homme si dépourueu de iugement, qui ait soûtenu en termes de droict, ou de police, que la proprieté de la Iuſtice & du droict de glaiue peût appartenir à vn particulier: & ie n'eſtime pas qu'il y ait iamais eû, ny qu'il y ait encore à preſent aucune Republique ou Monarchie bien ordonnée, où cela ſoit, comme il eſt en France.

En France, dis-ie, où nous voyons auiourd'huy, qu'il n'y a preſque ſi petit Gentil-homme, qui ne pretende auoir en proprieté la Iuſtice de ſon village ou hameau, tel meſme qui n'a ny village ny hameau, mais vn moulin ou vne baſſe court prés ſa maiſon, veut auoir Iuſtice ſur ſon meuſnier, ou ſur ſon fermier, tel encore qui n'a ny baſſe court ny moulin, mais le ſeul enclos de ſa maiſon, veut auoir Iuſtice ſur ſa femme & ſur ſon valet: tel finalement qui n'a point de maiſon, pretend auoir iuſtice en l'air ſur les oyſeaux du ciel, diſant en auoir eu autrefois.

De ſorte qu'en France la confuſion des Iuſtices n'eſt gueres moindre que celle des langues, lors de la tour Babel: confuſion qui conſiſte non ſeulement en la diuiſion du territoire de chacune Iuſtice, mais auſſi au reſſort, & par conſequent la Couſtume, qu'il y faut ſuiure, pource que dans l'enclaue d'vne Prouince, il y a telle petite Iuſtice entrelaſſée qui a pris couſtume de reſſortir en vne autre Prouince, où eſt la Seigneurie dont elle releue.

Sur tout cette confuſion eſt grande en la qualité & pouuoir de chacune Iuſtice, pour diſtinguer ſi elle eſt haute, moyenne ou baſſe, il eſt encore plus mal-aiſé de ſçauoir quel eſt le pouuoir du haut, du moyen & du bas iuſticier. Car c'eſt choſe étrange & honteuſe, que depuis que les Iuſtices ſont en vſage, les gens de Iuſtice n'ont encore pû diſtinguer les eſpeces de Iuſtice.

Qui s'en voudra rapporter aux anciens ou modernes Praticiens, c'eſt grand cas qu'il ne s'en trouue point deux qui s'y rencontrent: & qui en voudra croire les Couſtumes particulieres des Prouinces, il ne trouuera que quatre ou cinq Couſtumes qui en ayent traité, à ſçauoir celles d'aupres la riuiere de Loire, Anjou, Poictou, Touraine, le Maine, mais encore en parlent-elles ſi peu ou auec tant d'ambiguité, qu'on n'y peut trouuer de reſolution certaine, & il eſt bien à preſumer que les autres Couſtumes n'en ont point parlé, pource qu'il n'y auoit point à ce regard de droict certain & étably en leur Prouince.

Meſme en cette reformation ſolemnelle de la Couſtume de Paris faite en l'an 1579. où auec Meſſieurs les Commiſſaires (qui eſtoient des plus grands perſonnages de France) aſſiſtoient les plus celebres Aduocats du Parlement, l'élite des Iuriſconſultes François: neantmoins la Cour, vſant de grande prudence, ne trouua pas bon de publier & homologuer les articles, que les trois Eſtats de Paris auoient ramaſſé & redigé par écrit, pour le reglement de ces Iuſtices: tant afin de ne les approuuer au preiudice du Roy & du public, que pour ne pouuoir s'aſſeurer d'vn droict certain en vne matiere ſi incertaine: aimant mieux par conſequent laiſſer les choſes en l'obſcurité premiere, que par vne nouuelle Couſtume renouueller les vieilles diſputes, & donner cours à pluſieurs procez de reglement.

De ſorte que iuſques à preſent chacun en tire par où il peut, & comme il arriue en matiere de conqueſte, les plus hardis & les plus temeraires le gagnent par deſſus les plus ſages & retenus: choſe pourtant bien abſurde, qu'au fondement & établiſſement de la Iuſtice meſme, on n'y ait point trouué de raiſon, & à faute d'y en trouuer, on ſoit contraint de regler la Iuſtice au moule & à la meſure de l'vſurpation & de la force, qui eſt tout le contraire de la Iuſtice.

Et toutefois quiconque verra ce petit diſcours ne trouuera point étrange que cela ſoit ainſi. Car ſuppoſé, comme il ſera bien prouué, que toutes ces petites Iuſtices des Seigneurs, procedent non de raiſon & iuſtice, mais d'vne pure vſurpation, il eſt aiſé à entendre, qu'on ne les peut regler par la raiſon, pource que ce ſeroit chercher la raiſon, où il n'y en a point, & vouloir regler par la raiſon, ce qui eſt contre raiſon: mais au prix que l'vſurpation a eſté plus grande ou moindre, il s'eſt enfin trouué plus ou moins de pouuoir en chacune Iuſtice: & comme on dit en telles matieres, *tantum præſcriptum, quantum poſſeſſum*.

Auſſi n'eſt-ce pas mon deſſein de traitter des droicts de ces Iuſtices, mais de découurir l'vſurpation & l'abus d'icelles, & monſtrer clairement, qu'elles ſont contre tout droict.

C'eſt choſe bien certaine, que les Comtes eſtoient anciennement les Iuges des Villes, témoin le Capitulaire de Charlemagne, *vt placitum Comes non habeat niſi ieiunus*, & les Loix Ripuaires, *ſi quis iudicem fiſcalem occiderit, quem Comitem vocant.* & le 4. liu. *leg. Franc. tit.* 4. *Comites non ſe excuſent à Iuſtitia facienda, propterea quod reſident in maritima cuſtodia, ſed ibi placitum teneant, & Iuſtitiam faciant.* Auſſi eſtoient ils ſimples Officiers à vie, meſme, comme tient Bodin, ſimples Commiſſaires reuocables à la volonté du Roy, comme ſont encore auiourd'huy les Gouuerneurs qui ont ſuccedé à vne partie de leur fonction. *Duces initio*, dit Paul Emile liu. 1. *Comitesque ab Regibus præficiebantur gentibus ciuitatibuſque, ac cum videretur, dimittebantur: deinde inueterauit conſuetudo, vt niſi ſceleris conuicti abire Imperio non cogerentur, idque poſtremo, vt quiſque co munere donabatur, iureiurando Regum cauebantur.*

Mais en toutes les deux mutations de race de nos Roys, tout ainſi que les Maires du Palais ou Ducs des François s'emparerent du Royaume: auſſi tout de meſme les Ducs & les Comtes vsurperent les Prouinces & les Villes qu'ils tenoient : dont partant les nouueaux Roys furent contraints leur quitter la seigneurie & le domaine à droict de fief & à la charge de l'hommage & ressort de souueraineté seulement, qui estoit vne inuention, que les peuples Septentrionaux auoient quelque temps auparauant rapporté en la Lombardie, *& quæ Togata irrepsit in Comatam Galliam.*

Donc les Ducs & les Comtes, afin de rendre leurs dignitez & fonctions hereditaires, au lieu qu'elles estoient auparauant coherentes à leurs personnes, comme simples offices, & partant se perdoient auec leurs personnes; ils les annexerent adroitement auec leur domaine & seigneurie, & ainsi comme leur domaine estoit apres leur mort transferé à leurs heritiers, aussi fut desormais leur dignité & fonction, qui estoit principalement de rendre la iustice.

Voilà comment la proprieté de la Iustice a esté deuoluë & transferée aux grands Seigneurs de France: qui desormais ne la voulurent plus exercer en personne, comme auparauant, mais voulant imiter les Roys, établirent des Officiers pour la rendre sous leur nom & authorité, qu'ils appellerent en aucuns lieux *Baillifs*, c'est à dire gardiens de leur Iustice, & en d'autres *Senéchaux*, c'est à dire en Alleman, comme dit du Tillet, Officiers de leur maison.

Or les Comtes, auparauant qu'ils eussent empieté la Seigneurie des Villes, auoient des Lieutenans sous eux, qui selon la diuersité des Prouinces estoient nommez ou Vicomtes, *quasi Comitum vicem gerentes*, ou Preuosts, *quasi præpositi iuri dicundo*, ou Viguiers, *quasi vicarij Comitum*, ou Chastelains, *quasi castrorum custodes*: Tous lesquels estoient Iuges en l'absence des Comtes: & quand les Comtes estoient presens, ils leur renuoyoient encore les menuës affaires & differends, pour estre d'autant déchargez.

Ce n'estoit pourtant du commencement qu'vne mesme Iustice & vn mesme auditoire des Comtes & de leurs Lieutenans: mais l'opiniastreté fit, que ceux qui estoient condamnez par les Vicomtes, Preuosts, Viguiers, ou Chastelains, ne se tenans vaincus, vouloient encore estre ouys & iugez par les Comtes, ce qui enfin tourna en coustume, & donna sujet à ces Lieutenans, de pretendre par succession de temps Iustice separée, ressortissant par appel deuant les Comtes, de mesme façon que les Archidiacres, qui estoient autrefois comme les Lieutenans des Euesques, & en la Iustice, & au maniement de leur reuenu, ont peu à peu vsurpé vn auditoire à part, & le premier degré de Iurisdiction Ecclesiastique.

Mais lors que les Comtes vsurperent la proprieté de leur ressort & territoire, quelques vns de ces Lieutenans firent le mesme, à sçauoir plusieurs des Vicomtes, ceux principalement, dont les Comtes ne residoient en leurs villes, & les Chastelains qui estoient maistres des Chasteaux & places fortes.

Et tout ainsi que les Comtes auoient annexé leur Iustice & fonction à leur domaine, aussi les Vicomtes & Chastelains, annexerent au leur ce premier degré de Iurisdiction qu'ils auoient vsurpé : mais quant aux Preuosts & Viguiers, qui estoient aux lieux où les Comtes residoient, ils demeurerent en qualité de simples Officiers, qui tousiours iugeoient les petites causes sous le nom & authorité des Comtes, & les appellations desquels ressortissoient deuant les Baillifs & Senéchaux d'iceux Comtes, & ainsi les Comtes commencerent à auoir deux degrez de Iurisdiction.

Or les Vicomtes & Chastelains non contents d'auoir vsurpé la proprieté de leur Iustice particuliere, telle qu'ils l'auoient de leur premiere institution, qui n'estoit que de connoistre des causes legeres, sous pretexte qu'ils auoient autrefois cõnu de toutes causes en l'absence des Comtes: ils vsurperent enfin la Iustice toute entiere, c'est à dire toutes causes grandes & petites: ce qui fut aisé à faire aux Chastelains qui estoiẽt maistres de leurs chasteaux, & pour cette cause sont appellez par l'ancien Praticien *Faber, Iudices foranei Inst. de vulg. substit. in prin.* & prirent leur pretexte, que c'estoit le soulagemẽt du peuple de luy rẽdre Iustice sur le lieu.

A cét exemple les Barons du Royaume, c'est à dire, selon du Tillet, les grands Seigneurs vassaux du Roy, qui de longue main auoient des terres & seigneuries de grande étenduë, mouuantes de la Couronne, ne voulurent estre moins priuilegiez, que ces nouueaux vsurpateurs, mais voulurent aussi bien qu'eux auoir Iustice en leurs fiefs & Seigneuries.

Voilà la vraye origine des Iustices seigneuriales, qui du commencement n'appartenoient qu'aux grands Seigneurs ayans non vn simple fief, mais vne dignité, comme Ducs, Comtes, Vicomtes, Barons & Chastelains, ausquelles dignitez on a desormais tenu & reputé le droict de Iustice estre vny & incorporé, comme vne naturelle dependance d'icelles.

Mais par succession de temps, les Vicomtes, Barons & Chastelains, non contens d'auoir toute Iustice en leurs terres, sous pretexte qu'ils voyoient les Ducs & les Comtes iouyr de deux degrez de Iurisdiction, l'vn pour les petites causes, l'autre pour les causes ordinaire, voulurent auoir mesme auantage qu'eux, & créerent vn Maire ou Preuost Chastelain pour tenir leurs petits plaids & expedier les causes legeres ressortissants par appel deuant leurs Baillifs & Senéchaux : ce qui mesme leur est confirmé par plusieurs Coustumes. Et de là sans doute est venuë la distinction de la haute & basse Iustice, car les Baillifs & Senéchaux tenoient la haute Iustice, & les Maires ou Preuosts Chastelains la basse, comme il sera plus clairement montré cy-apres.

Ainsi ces Seigneurs commencerent d'vsurper le droict de ressort, qui est le droit de juger des causes d'appel, & ayant gagné ce poinct d'auoir estably des Iuges subalternes ressortissans par appel deuant leurs premiers Iuges, ils s'imaginerent qu'il leur estoit aussi licite de donner à leurs vassaux le mesme pouuoir, de mettre d'autres petits Iuges dans leurs villages, pour expedier sur le lieu les causes legeres, à la charge de l'appel pardeuant ces premiers Iuges des Seigneurs qui est l'origine de la concession des Iustices par eux entreprise.

D'où il resulte clairement, que ces Iustices ainsi concedées par les Comtes, Vicomtes, Barons & Chastelains n'estoient du commencement que basses Iustices, pour connoistre des causes legeres aux villages, ainsi que les Preuosts Chastelains faisoient dans le chef lieu: mais comme auparauant les Chastelains auoient vsurpé la connoissance de toutes causes, aussi firent sous les mesmes moyens & pretextes ces Gentils-hommes de villages.

Et principalement sous couleur de ce que plusieurs Docteurs ont tenu, que les Iurisdictions limitées à certaine somme, peuuent estre prorogées à plus grande somme, par le consentement mutuel des deux parties : si bien que l'vne ny l'autre ne demandant son renuoy, la Sentence doit tenir à leur égard, à cause de la procedure volontaire, *& saltem in vim pacti*, sans preiudice des droicts du Seigneur, & de leur renuoy en autres causes, comme il semble decidé en la loy *De qua re* §. 1. *De iudic. & in l. 2. vbi gloss. Cod. commun. vtri. iud.* Bien qu'aucuns soustiennent au contraire, que le Iuge hors son pouuoir, n'est plus Iuge *leg. vlt. D. de Iurisd.* & partant que sa Sentence est absolument nulle, *quasi lata à non iudice*, n'ayant pû estre fait par les parties, celuy qui ne l'est point.

Tant y a que les Seigneurs Iusticiers ayans resolu cette question à leur auantage, entreprirent par ce moyen de connoistre de toutes causes, n'y ayant personne qui se presentast deuant leurs Iuges, pour demander le renuoy, & leurs sujets mesmes, soit pour les gratifier, soit pour leur propre commodité de plaider sur leur selle, ne voulant ou n'osant refuser la Iurisdiction de leur Seigneur: & de cette mesme façon, on void encore aujourd'huy, que ceux qui par leurs titres exprés n'ont que basse Iustice, ne laissent toutefois de connoistre indifferemment de toutes causes.

Mesme comme les bornes de la raison estant vne fois franchies n'y a plus rien, qui nous puisse arrester, que tout n'aille en confusion & à l'abandon, ces Iusticiers établis par les Comtes, Vicomtes, & Chastelains, non contens d'auoir vsurpé toute Iustice, ont entrepris encore le droict de ressort, tels qu'auoient leurs Superieurs, ayant concedé eux-mesmes d'autres Iustices sous les leurs. Et ceux encore ausquels ils les ont concedées, en ont par apres accordé d'autres: de sorte que cela est allé presque à l'infiny, & il se trouue en plusieurs endroits quatre degrez de Iurisdiction Seigneuriale, & qu'il faut passer par six Iustices auant qu'auoir Arrest. Comme par exemple au Comté de Dunois la Iustice de Rameau ressortit à Prepalteau, Prepalteau à Montigny, Montigny à Chasteaudun, Chasteaudun à Blois, & Blois au Parlement, de cette sorte les procez viuent & durent autant que les hommes.

Or outre les Iustices qui sont venuës de cession, il y en a encore la plus grand part qui ont esté vsurpées sous diuers pretextes. Aucunes sous couleur que de tout temps la Coustume des Seigneurs d'vn village a esté, quand ils voyoient naistre quelque procez entre leurs habitans, de les mander & les oüyr, afin de tascher à les accorder: à quoy se rapporte le passage de Cesar cy-deuant allegué, que *Principes pagorum inter suos ius dicunt, controuersiasque minuunt* ce qui n'estoit pas vne Iurisdiction contentieuse, mais volontaire, & comme vne amiable composition : toutefois comme de tout temps les Gentils-hommes s'en sont fait accroire, parmy les païsans ils ne voulurent enfin estre dédits, mais voulurent qu'on acquiesçast à leur dire, & pour y apporter plus d'authorité, ils prenoient l'aduis des plus apparents du village, qu'enfin ils appellerent Pairs de leur Cour, & leur assemblée ils l'appelloient conjure ou semonce d'hommes, comme il se void dans Bouteiller & dans du Tillet au Chapitre des Pairs de France. Ce qu'ils faisoient à l'exemple de la Iustice attribuée par les Liures des fiefs au Seigneur sur ses vassaux, pour les controuerses de fief seulement, qu'il pouuoit iuger auec les Pairs du fief: & à l'exemple de la Iustice attribuée par Iustinian en la Nouelle 80. aux maistres sur leurs laboureurs, pour certaines causes legeres seulement.

Et toutefois il est certain qu'en France, ny la Iustice des fiefs, ny celle de Iustinian, n'ont lieu: autrement il s'ensuiuroit, que quiconque auroit fief ou Seigneurie, auroit Iustice, ce qui n'est pas. Il est bien vray que les grands fiefs portans titre de dignité, comme les Duchez, Marquisats, Principautez, Comtez, Vicomtez, Baronnies, Chastellenies ont Iustice de leur propre nature, mais les simples fiefs n'en ont point de leur propre droict, si ce n'est par cession ou vsurpation. Car fief & Iustice n'ont rien de commun.

Autre pretexte fut que les Comtes & autres grands Seigneurs, qui auoient Iustice &

ample territoire, ayans vendu, concedé ou autrement alienė, vn fief ou Seigneurie à vn Gentil-homme, l'acquereur se faisoit accroire qu'il deuoit auoir mesme Iustice, que celuy qui luy auoit concedé le fief. De là est venuë cette question tant debatuë entre les Interpretes du Droict & de nos Coustumes, *An concesso castro, censeatur concessa iurisdictio*: En quoy il n'y a nulle difficulté quand la Iustice du vendeur ou donateur dépend & s'exerce en autre lieu que le fief vendu ou donné, & comprend plus grand territoire que celuy qui est aliené, mais la difficulté est demeuree quand auparauant la concession, la Iustice s'exerçoit directement & particulierement en l'endroit concedé: aucuns soustenans que la Iustice estant accessoire au territoire, suit par necessité le territoire, & du moins est comprise sous les termes des appartenances & dependances du fief: autres disans que fief & Iustice n'ont rien de commun, & que la Iustice estant vn droict si haut & si noble, doit estre exprimée specialement. Neantmoins ceux-là mesmes ausquels on a donné vn fief, faisant partie & estant des enclaues d'vne Iustice, ont pensé que c'estoit assez de pretexte, pour pretendre d'auoir Iustice eux-mesmes. Ce que les Ecclesiastiques principalement ont voulu pratiquer; mesme il s'est trouué plusieurs Autheurs qui ont tenu que cela estoit vn des priuileges *piæ causæ, & Ecclesiæ, Bal. in cap. Quando de Iudi. & Oldra. cons.* 252. mais ie ne sçay pas où ils pourroient montrer autre titre ou concession de ce Priuilege, sinon qu'ils ont esté plus hardis à vsurper des Iustices que les Gentils-hommes, comme il sera tantost dit; tant y a qu'il se trouue sur ce sujet vne Ordonnance expresse de Philippes le Bel, par laquelle il est ordonné que sous pretexte de quelque concession de fief, quelle que ce soit, mesme faite à l'Eglise, on ne puisse s'attribuer droict de Iustice, si precisément n'est la Iustice concedée, comme rapporte Bodin Liure 3. de sa Republique Chapitre 6.

Autre pretexte que comme les concessions & inuestitures premieres des fiefs & terres Seigneuriales se trouuent faites sous ces termes *cum hominibus*, les vassaux ont voulu dire que ces mots emportoient Iustice, bien qu'ils ne signifient autre chose sinon que parmy la concession du fief, les vassaux du fief concedé sont aussi concedez. Car *homme* signifie en termes de fief vassal, que nous appellons *homme de fief*, ou bien quelquefois il signifie *l'homme de suite* ou *homme de poste* (comme parlent les anciens Coustumiers) qui estoit vn reste de seruitude personnelle, que le Christianisme a enfin aboly presque par toute la France.

Autre pretexte bien signalé a esté par le moyen des Parages és Coustumes qui les ont admis, comme Anjou, Poictou, Touraine, le Maine, &c. Car sous couleur que les puisnez sont dits tenir de l'aisné leurs portions en Parage, c'est à dire, en pareil droict quand il y a droict de Iustice en la Seigneurie, chacun des puisnez a voulu aussi auoir Iustice en son partage: & bien que ces Coustumes disent que le puisné ne reconnoist la Iustice de l'aisné; si est-ce qu'en Comté, Vicomté & Baronnie (à cause que ces dignitez sont indiuisibles) on a conclud que pour raison de ces dignitez la Iustice du puisné deuoit ressortir en celle de l'aisné: ce qu'enfin tous les aisnez ont fait pratiquer aux puisnez, mesme aux simples Seigneuries, soustenans que la Iustice deuoit aussi bien tenir d'eux en parage, comme le fief; & par ce moyen en ont fait autant de degrez de Iurisdiction en vn territoire, qu'il y a eu de diuerses branches & de diuers partages en vne famille.

C'est la plainte contenuë au procez verbal de la Coustume de Poictou en ces mots. „ Le Procureur du Roy a remonstré que les apparageurs & apparageaux (qui sont les freres „ aisnez & puisnez) en partageant entr'eux les successions feodales créent des Iurisdictions „ subalternes, faisant multiplication de degrez d'icelle au grand prejudice & foule des „ pauures Subjets; & neantmoins ils ne trouueront pas en leurs adueus qu'ils ayent puis- „ sance de ce faire.

En quoy il y a double absurdité, premierement de diuiser & démembrer vne Iustice sans permission du Roy, qui l'a vne fois concedée toute entiere, pour estre exercée en vn seul Siege, pour tout son territoire: En quoy le public a grand interest, pource que la Iustice demeurant en son integrité & premiere amplitude, il s'y peut trouuer vn Iuge plus capable, & de meilleur conseil, & si les Subjets plaideront à moindres frais, que quand elle est demembrée, qui est la resolution de du Molin sur le 10. article de la Coustume. *Non potest quisquam filiorum exercere Iurisdictionem separatim in parte feudi sibi diuisim assignata, quia non est admittenda multiplicatio tribunalium, imò debet Iurisdictio remanere & exerceri præcisè illa forma, & & in illis terminis, quibus fuit concessa.* Et de fait par l'Edict de Roussillon article 25. il est ordonné que les Iustices communes seront exercées par vn seul & mesme Iuge qui sera commis alternatiuement par ceux qui ont part en icelles.

Toutefois ce ne seroit que demy-mal, si ces Iustices ainsi démembrées ressortissoient tousiours en la Iustice Royale. Mais l'autre absurdité beaucoup plus importante est que l'on ne s'est pas contenté de multiplier les Iustices, par le moyen des Parages, mais encore on a multiplié les degrez de Iurisdiction, faisant ressortir les Iustices des puisnez en celle de l'aisné tout autant de fois qu'il y a eu de nouuelles branches en la famille, qui est directement contre le nom & contre la nature du Parage, & aussi contre la decision expresse des Coustumes.

Sur tous les Ecclesiastiques se sont attribué Iustice en toutes leurs terres, pource qu'ils soustenoient que ce qui estoit donné à Dieu, estoit osté de la puissance des hommes: & principalement se fondans sur leurs amortissemens, qui de verité abolissent aucunement les droits fonciers, soit feodaux, soit censuels des heritages, mais non la Iustice, qui est sur les personnes demeurantes au Village donné à l'Eglise, *cum omnis anima potestati subiecta esse debeat*, ainsi qu'eux-mesmes ont dit.

Aussi est-ce bien la verité que les Ecclesiastiques sont moins capables de la haute Iustice & du droict de glaiue que les autres: comme le prouue ce qui fut dit à saint Piere, *Mitte gladium tuum in vaginam*: de sorte qu'on a long-temps douté, si vn Ecclesiastique pouuoit, sans hazard d'irregularité, faire exercer Iustice de sang en sa terre: estant chose étrange, qu'on puisse commettre à autruy, ce qu'on ne peut faire soy-mesme.

Le Pape Boniface VIII. fut le premier qui leua ce doute, & decida que cela se pouuoit faire licitement *C. p. vlt. ne cleric. vel mona. in 6.* où la glose marque fort à propos touchant l'opinion du Cardinal Hostiense, qu'il seroit raisonnable, ou d'oster cette Iurisdiction aux Ecclesiastiques, ou de leur permettre de l'administrer par eux-mesmes.

Or il ne se faut pas étonner, que ce Pape ait permis aux Ecclesiastiques la haute Iustice, car il vouloit attribuer à l'Ordre Ecclesiastique, tant de droict en la temporalité, qu'il soustint, que comme Pape il estoit Superieur de tous les Roys, mesme de celuy de France, pour lequel il parloit principalement, *extra. Vnam sanctam tit. de Maiorit. & obed.* ce qui fut reuoqué par son successeur. *extra. Meruit. tit. de priuil.* c'est pourquoy les decisions de ce Pape ne sont point receuës en France.

Sous ces pretextes ont esté concedées, ou vsurpées les hautes Iustices de France, & pour le regard des basses, leur vraye & premiere origine vient sans doute des Preuostez & seconds degrez de Iurisdiction, que les Comtes premierement, puis apres les Vicomtes, Barons & Chastelains, ont vsurpé comme il a esté cy-deuant; lesquelles basses Iustices ne connoissent que des causes legeres, & sont par l'vsage commun de la France, limitées à connoistre seulement des matieres personnelles non excedans soixante sols, comme il est porté par plusieurs Coustumes.

D'où il s'ensuit que les Preuosts & Iuges des basses Iustices, selon leur vray pouuoir, se rapportent presque entierement aux Iuges pedanees du Droict Romain, *Quædam sunt negotia* (dit la Loy derniere *C. de Pedan. Iud.*) *in quibus superfluum est moderatorem expectare Prouinciæ, ideoque pedaneos Iudices* (*hoc est qui negotia humiliora disceptarent*) *constituendi damus Præsidibus potestatem.* Et pource que leur pouuoir estoit au commencement limité *ad quinquaginta solidos l. 1. Cod. de def. ciuit.* Les anciens Praticiens n'entendans pas bien la signification du mot *Solidus*, ont limité aussi les basses Iustices à soixante sols.

Aussi les Iuges pedanees n'estoient selon le Droict ny Magistrats, ny Officiers, mais simples Commissaires & Iuges deleguez par les Magistrats, *nec habebant vllum imperium, imò nec Iurisdictionem, sed tantùm notionem, imò alienam iurisdictionem exercebant, nec pro suo imperio quicquam agebant* dit la Loy, *Et si prætor D. de off. eius cui mand. est iurisd.* Et au lieu que les Magistrats iugeoient *pro tribunali*, ceux-cy *de plano, seu plano pede iudicabant, & inde dicti sunt pedanei, à Græcis, χαμαιδικασταί Id est humi iudicantes*, ainsi qu'en France nous les appellons *Iuges sous l'orme*.

Neantmoins tous Iuges sous l'orme qu'ils estoient, si deuoient ils estre *periti νόμων τε πεῖρας*, & estoient tenus *de imperitia, si malè iudicassent, l. 2. Cod. quod quisque iuris.* Ce que n'estoient les Magistrats: qui bien souuent estoient gens de guerre non lettrez, c'est pourquoy on bailloit aux Magistrats des Assesseurs, *qui eidem præstare tenebantur scientiam legum & morum* dit Cujas sur la Nouelle 82. & de là vient qu'en France les Iuges des Seigneurs (qu'aucuns mal à propos appellent indistinctement *Iuges pedanées*) jugeoient n'y a pas encore long-temps, au peril de l'amende, ce que ne font pas les Iuges Royaux.

Bien qu'il faille faire distinction des Iuges des Seigneurs: car veritablement les Iuges de Village qui ne releuent point du Roy, & qui ne ressortissent aux Iustices Royales, sont vrais Iuges pedanées; aussi les appellons nous Iuges sous l'Orme; *Nec habent iustum tribunal*, & ne deuroient auoir toute Iustice, mais seulement Iustice iusques à soixante sols. Mais les Iuges des Comtes, Vicomtes, Barons & Chastelains releuans du Roy, & établis és Villes & Bourgs, sont en parties Iuges Royaux: car puis que leur Iustice tient en fief du Roy, il en a la Seigneurie directe: quoy qu'il en soit, sans doute ils sont vrays Magistrats, estans les Iuges ordinaires du territoire, *cum omni imperio*, & auec toute Iurisdiction ciuile & criminelle, sans distinction des causes, des sommes ny des personnes: bref, ayant territoire entier & absolu de leur propre droit, apres la concession du Roy, & par leur premiere institution, non par emprunt ny commission.

Aussi Bodin au troisiéme Liure de sa Republique Chapitre 4. prouue bien que les Magistrats sont tous ceux qui ont Iurisdiction & puissance de commander, & partant que les Officiers de la Iustice ordinaire sont Magistrats: & nous voyons dans le droict, que les simples Officiers des villes qui auoient bien moins de puissance que ces Iuges des Iustices Seigneuriales, sont appellez Magistrats *tit. de Magistrat. municip.* Et ne se faut pas étonner si d'abord on trouue étrange d'appeller *Magistrats* les Iuges des Seigneurs, pource que cela vient d'vne absurdité, d'auoir communiqué la Iustice & la puissance de commander aux Seigneurs : mais supposé qu'ils l'ayent auiourd'huy en telle asseurance, que mesme le Roy confesse que cela leur est patrimonial, il s'ensuit que leurs Officiers sont vrays Magistrats.

Et sur ces propos des Officiers des Villes, faut remarquer en passant que comme par le Droict Romain ils estoient les Assesseurs des Magistrats és grandes causes, & estoient aussi les Iuges pedanées, qui jugeoient seuls les petites causes, *vsque ad quinquaginta solidos l. 1. Cod. de def. ciuit.* Aussi en France les Escheuins estoient anciennement Assesseurs & Conseillers ordinaires des Comtes & Iuges des Villes, comme le dit bien expressement *Beat. li. 2. Rerum Germa.* & cela se void en plusieurs endroits des Capitulaires de Charlemagne, notamment lib. 4. *legum Franc. tit. 4. Comites, qui ad maritimam custodiam deputati sunt, non se excusent de Iustitia facienda propterea quod resident in ea custodia, sed si secum suos Scabinos habeant, ibi placitum teneant & iustitiam faciant.* C'est pourquoy en plusieurs Villes ils s'appellent *Pairs* qui est vn nom de Iuges, Assesseurs ou Conseillers ayant pareille puissance, comme il se void dans du Tillet Chapitre des Pairs de France.

Et par consequent tout ainsi que les Escheuins estoient Assesseurs des Iuges és grandes causes, aussi on leur laissoit iuger tous seuls les petites causes, *& ea negotia in quibus superfluum erat moderatorem expectare Prouinciæ*, ainsi que faisoient à Rome, *defensores ciuitatum* : & de là est venu que plusieurs Villes de France ont vsurpé la Preuosté & premier degré de Iurisdiction, pour juger les causes legeres; & plusieurs autres ont obtenu Chartes des Roys & de leurs Comtes à cette fin, comme Monsieur Choppin sur l'article 1. de la Coustume d'Anjou rapporte de Mante & la Ferté sur Aube : Les Chartres desquelles Villes contiennent ces mots. *Qu'ils auront droit de Mairie ou Preuosté*, c'est à dire, basse Iustice. Le mesme Autheur en rapporte plusieurs autres au Liure 3. *de Dom. cap.* 20. Ainsi par la Coustume de Liege articles 17. 22. & 23. les Maieurs & Escheuins ont basse Iustice: ce qui sert encore pour confirmer ce qui vient d'estre dit ; que les Mairies & Preuostez estoient vrayement les basses Iustices.

Et de fait les Iuges des basses Iustices de Village s'appellent, non pas Baillifs, mais Preuosts ou Maires, à l'exemple des Maires des Villes, comme il se void és articles secrets & non imprimez de la Coustume de Paris, rapportez par Bacquet, & en plusieurs Coustumes.

Mais la Iustice a esté iustement ostée aux Maires & Escheuins des Villes, par l'Ordonnance de Moulins, fors la police & le criminel encore seroit-il fort à propos de leur oster le tout. Car outre que ce n'est que par vsurpation, qu'ils connoissent en aucuns lieux de la police & du criminel, leur premier & vray pouuoir, n'estant que de connoistre des causes legeres iusques à soixante sols; l'experience de ces derniers temps nous a fait assez paroître qu'il n'est pas à propos parmy la malice du monde, de laisser le glaiue de la Iustice en la main d'vne populace furieuse, où les meilleurs brigueurs brigandent les autres. Aussi la Cour de Parlement sçait bien retrancher ces Iustices populaires, quand il en vient deuant elle quelque differend.

Pour reuenir à nostre propos, encore que les basses Iustices soient par l'vsage, à present commun par toute la France, limitées à soixante sols, comme il est porté par les Coustumes de Melun, Sens, Auxerre & Neuers. Notamment par les articles secrets de celle de Paris, mesme par les Statuts de Dauphiné article premier, & se void dans Guy Pape Decis. 285. & 66. Toutefois les Preuosts & Chastelains des Comtes qui sont deuenus Royaux, par la reünion des Comtes à la Couronne, ne mirent gueres à empieter la connoissance de toutes causes: si qu'en fin il les a fallu regler auec les Baillifs & Senéchaux par l'Edict de Cremieu: & neantmoins les Preuosts & Chastelains de Forests, bien que Royaux, sont demeurez és anciens termes, de ne connoistre que iusques à soixante sols; comme il se void par les deux Arrests que Papon Lieutenant general de Forests leur partie aduerse rapporte en son Recueil d'Arrests tit. de Iurisdiction.

Enfin pour épargner vn degré de Iurisdiction au pauure peuple, les Preuosts Royaux furent supprimez par mort, par l'Ordonnance d'Orleans, mais tost apres ils furent rétablis pour de l'argent és Villes Presidiales seulement, & à cét exemple de la suppression des Preuosts Royaux, les Preuosts des Seigneurs furent supprimez par cét excellent petit Edict de Roussillon, & fut ordonné que les Seigneurs qui auoient deux degrez de Iurisdiction, opteroient lequel ils voudroient retenir.

Voilà la premiere & la plus vraye espece de basse Iustice, mais il y en a vne autre espece qui a esté vsurpée par les Gentils-hommes ayans des fiefs & censiues, sous pretexte qu'on a tenu autrefois en France, que les Seigneurs directs soit feodaux, censuels ou fonciers, pouuoient de leur propre authorité saisir & mettre en leur main l'heritage dependant de leur directe Seigneurie, sans commission ou mandement de Iustice, ce qu'on appelloit *exploict domanial* : & pource que la loy Romaine y reſiſtoit, diſant que *Non eſt ſingulis concedendum, quod per magiſtratum fieri debet*, on a dit qu'en France les Seigneurs directs ou tres fonciers, auoient vne eſpece de Iuſtice, pour la pourſuite de leurs droicts Seigneuriaux : & que par les baux, conceſſions ou inueſtitures des heritages de leur directe, ils eſtoient preſumez auoir retenu ce droict ; en ſigne dequoy ils auoient droict d'amende, pour cens non payé, ventes recelées, ſaiſie briſée, adueu non baillé, & autres ſemblables, ce qui ſemble emporter vne maniere de Iuſtice. Et comme les Seigneurs ayant Iuſtice ſont en telles matieres Iuges en leur propre cauſe, auſſi les autres Gentils hommes ſe ſont fait accroire que cette Iuſtice fonciere leur appartenoit, comme inherente par droict commun & general à leurs fiefs & Seigneuries.

Et bien que cette tolerance de ſaiſir & brandonner par eux-meſmes l'heritage de leur directe, ou mettre l'huis de la maiſon hors des gonds, ne ſoit qu'vn ſimple exploict domanial, *& factum Domini re ſua vtentis*, ſi eſt-ce qu'en conſequence de cela ils ſe ſont attribué droict de condamner leurs Subjets à l'amende, pour cens non payé, pour ventes recelées, pour ſaiſie briſée, faute d'adueu, ſuiuant les Couſtumes ; & pour ce faire ils ont creé premierement vn Sergent, puis vn Iuge Gueſtré, puis vn Greffier, enfin vn Procureur de Seigneurie pour ſe faire reconnoiſtre de leurs droicts.

C'eſt-là ſans doute la vraye origine de la ſeconde eſpece des baſſes Iuſtices, & ce que quelques Couſtumes diſtinguent la Iuſtice fonciere d'auec la baſſe, & font de la fonciere comme vn quatriéme degré de Iuſtice, cela prouient de la diſtinction qu'il y a entre cette ſeconde eſpece de baſſe Iuſtice appellée *Mairie ou Preuoſté*, qui connoiſt de toutes cauſes perſonnelles iuſques à ſoixante ſols, & non des foncieres.

Auſſi Bouteiller & les Couſtumes d'Anjou & du Maine diſent expreſſement que baſſe Iuſtice & Iuſtice fonciere eſt meſme choſe : & les articles ſecrets de la Couſtume de Paris diſent, qu'il n'y a que trois ſortes de Iuſtice, haute, moyenne & baſſe.

De fait, il y a quelques Couſtumes, qui reſtraignent notamment la Iuriſdiction des bas „ Iuſticiers à connoiſtre des droicts & debites des Seigneurs, celle du grand Perche article „ 24. Aux bas Iuſticiers appartient la connoiſſance des cauſes d'entr'eux & leurs Subjets, „ pour leurs deuoirs centuels & Seigneuriaux. Le meſme Bouteiller au Titre du bas Iuſti„ cier, ſi ſçachez, dit-il, que les Iuſticiers qui tiennent en baſſe Iuſtice ont ſeulement Iuſti„ ce de ſoy faire payer de leurs rentes, & d'auoir amendes de trois ſols & autres amendes ne „ peuuent calengier, & eſt cette Iuſtice appellée fonciere par les Couſtumes. C'eſt pour„ quoy és Couſtumes d'Anjou, Tours, Maine & Blois, la baſſe Iuſtice eſt appellée *ſimple voirie* & par Maſuer *tit. de Iudiciis*, elle eſt appellée *Iuſtice domaniere*, & dans le grand Couſtumier, en toutes les Couſtumes, qui font la Iuſtice fonciere vn 4. degré de Iuſtice, au deſſous de la baſſe Iuſtice, comme Sens & Auxerre, il eſt dit que celuy qui a Iuſtice fonciere peut bien auoir vn Sergent pour recueillir ſes droicts & vne table ou forme pour les receuoir, mais non vn Iuge, ny vn Siege, ou auditoire.

Mais aux autres Couſtumes d'auprés la Loire, comme Anjou, Touraine, le Maine, Blois, où les Iuſtices foncieres conſtituënt vne eſpece de baſſe Iuſtice, & où les bas Iuſticiers ont vn ſiege ; le païſans voyans vn Iuge en leur village, ſe ſont addreſſez à luy pour leurs plus legers differends, ceux notamment qui concernoient leurs heritages ; comme pour aſſeoir leurs bornes, établir des Meſſiers pour garder leurs fruits pour les dommages de beſtes. Bref, enfin ces Couſtumes ont reglé les bas Iuſticiers à connoiſtre des matieres réelles, où il y auoit amende taxée à ſept ſols ſix deniers.

Voilà donc deux eſpeces de baſſe Iuſtice, à ſçauoir les Preuoſtez, qui eſt le ſecond degré de Iuriſdiction des Comtes, Vicomtes, Barons & Chaſtelains, & les Iuſtices foncieres & domanieres des ſimples Seigneurs : la premiere eſt reglée de connoiſtre des cauſes perſonnelles iuſques à ſoixante ſols : l'autre connoiſt des cauſes réelles, dont l'amende n'excede ſept ſols ſix deniers. De fait ces deux eſpeces ſont nettement diſtinguées és Couſtu„ mes d'Anjou & du Maine, qui ſont celles, dit le grand Couſtumier, qui traitent à la ve„ rité mieux cette matiere que nuls autres Couſtumiers de France : car le premier Chapitre de ces deux Couſtumes eſt intitulé de baſſe Iuſtice, Iuſtice fonciere & ſimple voirie, qui eſt tout vn, & porte que cette Iuſtice connoiſt ſeulement des cauſes ciuiles réelles, dont il n'y a loy d'amende par la Couſtume de ſept ſols ſix deniers : & au Chapitre des droicts de Chaſtellenie, il eſt porté que le Seigneur Chaſtelain eſt fondé d'auoir vn Maire ou Preuoſt Chaſtelain reſſortiſſans pardeuant ſon Senéchal, qui en ſes petits plaids Chaſtelains peut connoiſtre des cauſes perſonnelles ciuiles iuſques à ſoixante ſols entre laïcs & roturiers ſeulement.

Mais eſt-ce pas vn vray enigme, ce que ces deux Couſtumes, & encore celles de Tours, Lodun, Blois, & quelques autres diſent, que les bas Iuſticiers ne connoiſſent des cauſes criminelles, mais qu'ils connoiſſent ſeulement des cauſes ciuiles, dont l'amende n'excede ſept ſols ſix deniers ? Car comment ſe peut-il faire qu'il y ait des amendes és cauſes ciuiles, &

encore que ces amendes soient la limitation & la borne d'vne Iustice ? & puisque regulierement és causes ciuiles il n'y a du tout point d'amende, semble t-il pas que le bas Iusticier puisse connoistre de toutes causes ciuiles de quelque somme qu'elles soient ? que sert donc cette limitation si formellement exprimée dans ces cinq Coustumes? chose estrange que tous ceux qui les ont commentées, soit anciens, soit modernes, n'ont parlé en aucune façon de cette si grande & si euidente difficulté.

Quant à moy i'ay pensé autrefois à cause de ces passages, qu'on auoit gardé anciennement en France la peine des temeraires plaidans, que les Grecs & les Romains taxoient à la dixiéme partie de la somme demandée, comme il se lit dans Iul. Pollux és Commentaires de Budée, aux instit. *de pœna temerè litig. & Nou.* 12. pource mesme que l'amende de sept sols six deniers ou de six sols Parisis, comme portent les articles secrets de Paris, reuient iustement au dixiéme denier de soixante sols Parisis, qui est la limitation commune des basses Iustices. Mais ie n'ay point trouué cette diuination confirmée par aucun passage ny des Coustumes ny des anciens Praticiens de France.

I'ay bien trouué deux passages fort notables de Io. Faber qui est le plus ancien Praticien de France dont nous auons les écrits : car il estoit du temps de Philippes de Valois, comme il se collige de ce qu'il écrit *in proœm. inst. super verbo Imperatoriam num.* 2. quelques-vns disent qu'il a esté Chancelier de France. L'vn de ces passages est sur la loy 2. *C. de modo mulctarum. De consuetudine Franciæ*, dit-il, *emendæ vsque ad taxam in singulis casibus sunt taxatæ, si quod excedere non possunt.*

L'autre est sur le *tit. de pœna tem. litig.* aux *instit. Curiæ seculares Franciæ habent certas emendas contra calumniantes, nec paterentur alias imponi.*

Ce qui monstre plûtost que l'amende *decimæ litis*, ne se gardoit en France, mais que les Coustumes auoient taxé & arresté les amendes, selon la diuersité des causes, & non pas selon la proportion des sommes : aussi ie voy qu'en la Coust. de Berry, Ch. 2. les amendes des temeraires contestãs sont taxées non selon les sommes, mais selon les diuerses actions.

Il faut donc chercher vne autre interpretation, qui est de remarquer qu'il y a deux sortes d'amendes, à sçauoir les coustumieres & les arbitraires, c'est à dire, ou qui sont taxées par les Coustumes, ou qui sont laissées en l'arbitrage du Iuge : de fait les mesmes Coustumes de Tours & de Loudun au titre de haute Iustice, disent que le haut Iusticier prend les amendes, tant coustumieres qu'arbitraires, & la Coustume de Berry & ses locales font souuent mention des amendes coustumieres, comme aussi celle de Saint Iean d'Angely art. 12. celle de Liege chap. 3. art. 7. & mesme en ces deux Coustumes de Tours & de Loudun que nous interpretons, il y a vn titre entier pour regler & taxer les amendes coustumieres, qui sont l'amende pour saisie brisée, pour cens non payé, ventes recelées peage non payé, reclain d'execution, fol appel, delais d'appel, dommage de bestes, décheance de complainte, bornes assises sans Iustice, bornes leuées, denegation de seing, temeraire opposition, champart emporté, & autres semblables taxées par les Coustumes ou vsage de chacune Prouince, selon le dire de Iean Faber.

Or ces amendes coustumieres sont de deux sortes, ou simples amendes, qui sont de sept sols & six, ou grosses amendes qui sont de soixante sols, comme il se void en la Coustume de Poictou art. 25. 38. & 76. d'Angoumois art. 14. & S. Iean d'Angely art. 8. 10. & 11.

Comme donc toutes ces amendes coustumieres naissent des causes ciuiles, il faut resoudre que les bas Iusticiers n'ont connoissance que des causes ciuiles qui n'emportent que la simple amende de sept sols & six, & non de celles qui emportent la grosse amende de soixante sols, & encore moins de celles qui emportent l'amende arbitraire, car cét arbitrage ou Office noble du Iuge, qui est la marque du Magistrat n'appartiẽt au bas Iusticier.

C'est donc à dire que le bas Iusticier n'a connoissance que des petites causes domanieres & foncieres où l'amende estoit taxée par la Coustume ou par l'vsage & tradition ancienne à sept sols six deniers, comme encore il se void qu'en plusieurs païs les Seigneurs leuent certaines amendes par vn style ancien de leurs Sieges, qui ne sont point taxées par les Coustumes : mais quoy qu'il en soit les bas Iusticiers n'ont connoissance des matieres & procez ordinaires, où il ne se leue point d'amende ; Car en effet, & à bien entendre, ils ne deuroient auoir connoissance que des droicts & debtes de leur Seigneur, mais ils ont vsurpé la connoissance du dommage de bestes, de borner les terres, & les sentiers, & autres semblables affaires de village.

Finalement les Coustumes dernieres redigées ou reformées ont meslé & confondu ensemble ces deux sortes de basse Iustice, & disposé indistinctement, que tous les bas Iusticiers auront connoissance des matieres personnelles non excedans 60. sols, cõme auoient les Maires & Preuosts Chastelains : & pource qu'on ne pouuoit comprendre ce que c'estoit de connoistre des causes ciuiles & réelles suiettes à sept sols six deniers d'amende, elles ont dit qu'ils connoistront des délits & méfaits dont l'amende n'excederoit sept sols & six, cõme les Coust. de Melun, Neuers, Sens, & la reformée de Paris és art. non imprimez.

Qui

Qui est à la verité vne limitation claire & raisonnable pour les matieres ciuiles, mais pour les criminelles, veu que les peines sont arbitraires en France, & non taxées par Ordonnances ny Coustumes: c'est vne absurdité, que pour vuider la competence du Iuge, il faille dés le commencement du procez arbitrer la peine: aussi cela est cause que les delits sont impunis, pource qu'vn bas Iusticier ayant fait le procez à vn delinquant, ne l'osera condamner à plus haute amende que de sept sols & six crainte de faire paroistre qu'il estoit incompetant: finalement il est bien certain qu'vn procez qui ne tend point à vne plus haute amende, que de sept sols & six, ne merite pas d'estre instruit criminellement.

Voilà donc comment ont esté concedées ou vsurpées mal à propos les hautes & les basses Iustices, mais ie n'ay point parlé des moyennes, pource que sans doute c'est vne espece imaginaire & abusiue, que nos Praticiens ont inuentée & feinte pour approprier à l'vsage de France les termes du droict Romain qu'ils n'entendoient pas, & voyans que les Romains auoient trois especes de Iurisdiction, sçauoir est *merum imperium, mixtum & Iurisdictionem simplicem*: croyant que *merum Imperium*, fust la haute Iustice, & *simplex Iurisdictio* la basse Iustice, ils se sont aduisez de forger vne moyenne Iustice, pour correspondre au *mixtum imperium* du Droict bien que ces termes des Romains signifient toute autre chose, & ne se rapportent aucunement à la diuersité de nos Iustices, ny mesmes à l'interpretation fantastique que leur ont donné les anciens Docteurs de Droict, ou pour mieux dire radoteurs, & comme dit Cujas, la vraye & asseurée signification de ces termes est perie auec la Republique de Rome. Qui sera cause, aussi cela ne seruant de rien à nostre vsage, que ie ne m'amuseray pas à les expliquer.

Comme aussi ie ne m'amuseray point à expliquer le pouuoir & connoissance de la pretenduë moyenne Iustice, pour ce que les Coustumes & les Praticiens n'en conuiennent nullement: quant aux Coustumes, en tous païs toutes guises: quant aux Praticiens *quot capita, tot sententiae*.

Ayant donc traité des Iustices Seigneuriales, & de leur progrez, & vsurpation iusques au nombre infiny & au desordre extreme qui s'y void de nostre temps, representons maintenant les abus, & absurditez, puis apres les inconueniens & incommoditez qui en resultent, pour enfin parler du remede.

Premierement se peut il imaginer vne absurdité plus grande, que d'auoir communiqué aux personnes priuées, mesme aux vassaux des vassaux, & aux Subiets des subiets la Iustice, le droit de glaiue, & la puissance de commander: & encore non la simple administration de la Iustice, le simple exercice du glaiue, & la simple voye du commandement (qui est tout ce que le Prince peut commettre & communiquer à ses Officiers) mais mesme la proprieté de la Iustice, l'authorité entiere du glaiue & le vray nom du commandement?

Ie puis dire à parler en termes de Theologie & en plus parfaite verité, que la proprieré de la Iustice appartient seulement au grand Iuge Eternel, que Malachie C. 2 appelle *Deum Iudicij*, & Isaye Ch. 29. *Dominum Iudicij*. *Scimus* dit S. Paul aux Romains Ch. 2. *quia Iudicium Dei est secundum veritatem*. Temoin cette belle remontrance que Dieu fit aux Iuges du peuple d'Israël, quand il les établit pour premiers chefs d'iceluy, 2. Paralip. *Videte quid faciatis, non enim hominis exercetis Iudicium, sed Domini*. C'est pourquoy en tant de passages de la Sainte Escriture les Iuges sont appellez *Dieux*, comme ayant la communication & participation d'vne des principales puissances de la Diuinité. Aussi nostre grand Coustumier „ commence son chapitre de la haute Iustice par ces mots: A parler proprement il n'y a „ qu'vne Iustice qui meut de Dieu, dont le Roy a le gouuernement en ce Royaume, c'est „ à dire, la simple administration, comme Magistrat & Officier de Dieu.

Et à parler politiquement, il n'y a que le Roy, ou autre Prince Souuerain, qui ait la vraye puissance de commander, & la proprieté de la Iustice: & pource qu'il ne la peut exercer tout seul par tout son Royaume, il est contraint en commettre la simple administration aux Magistrats, en retenãt tousiours à luy la proprieté. Aussi est ce bien le plus beau fleuron de sa Couronne, & la principale, la plus haute, mesme la plus diuine partie de sa puissãce que cette Iustice & droict de commandement, qui emporte vn pouuoir sur la vie & sur les biens de tous ses Subiets. Pouuoir, dis-ie, non tyrannique & desreglé, mais reglé par la Iustice.

Mesme que c'est la fin pour laquelle les Roys ne sont établis, que pour rendre la Iustice. De fait quand le peuple d'Israël demanda vn Roy à Dieu: *Constitue*, dit-il, *nobis Regem qui iudicet nos*: & quand Dieu dit au Roy Salomon qu'il demandât ce qu'il voudroit, il demanda, *Cor intelligens, vt populum suum iudicare possit*. Aussi les premiers chefs de ce peuple furent de Dieu mesme nommez Iuges, & en plusieurs passages de la Sainte Escriture, le mot, *Iuger* signifie regner & commander absolument.

En voilà les témoignages sacrez, & quant aux profanes, Herodote au premier Liure dit, que les Monarques de Mede, qui furent presque les premiers du monde, furent établis pour rendre la Iustice, & Ciceron au second des Offices dit, *Non apud Medos solum, sed apud maiores nostros Iustitiae reddendae causa videntur olim Reges constituti*: & la vieille que cét Empereur ne voulut pas oüyr, luy demandant Iustice, luy sçeut bien repliquer, *noli igitur esse Imperator*.

Aussi est-ce la resolution concordante de tous les Philosophes anciens & modernes, que la Iustice appartient proprement & inseparablement à l'Estat, ou au Prince Souuerain, qui pour l'exercice d'icelle commet des Magistrats : encore est-ce entr'eux vne grande dispute si ces Magistrats doiuent estre établis à vie, ou à certaines années seulement.

C'est pourquoy le Prince & le Magistrat sont appellez en Grec d'vn mesme nom ἄρχη & ἄρχων, & en Latin la puissance de l'vn de l'autre est appellée d'vn mesme terme *Imperium*, en François *Commandement*, dont la proprieté appartient au Prince, & l'vsage aux Magistrats, selon l'opinion de Lothaire contre Azon : & l'equiuoque de ce terme *Imperium* signifiant tantost le pouuoir du Prince Souuerain, & tantost celuy du Magistrat a esté cause de plusieurs disputes entre les Iuriscon. & Docteurs du Droit, tant y a que pour monstrer que la proprieté du commandement reside au Prince, & le simple exercice au Magistrat, quand les Sergens executent les Sentences des Iuges, ils font le commandement de par le Roy, & non pas de par le Magistrat qui a donné la Sentence.

Et il me semble que c'est vn des grands abus qui soit en France, qu'vn Sergent fait les commandemens & vn trompette des publications de par Mr ou de par Madame, comme si Mr ou Madame estoient des Roys. Car la proprieté du commandement est sacrée & inuiolable par les loix d'Estat, & par le droit des gens, comme celle en quoy consiste l'authorité du Souuerain, & partant elle ne peut estre communiquée aux Subiets, non plus que la Souueraineté mesme, *Quem penes Imperium regni solisque potestas, Hunc penes & [illegible] & Iurisdictio solum. Arrogat hanc si quis de Maiestate verenda Principis imminuit, sibi iuraque regia [illegible].*

Aussi est-il bien certain, qu'il n'y eust jamais Republique bien ordonnée, où les particuliers fussent proprietaires de la Iustice & du droict de glaiue, comme ils sont en France. Les Atheniens estoient si jaloux du droict de glaiue & de la Iustice criminelle, qu'il n'y auoit que les Areopagites qui s'en mélassent, gens choisis, gens nourris & entretenus du public, gens retirez & separez du reste du peuple, gens qui ne rendoient la Iustice que de nuict, afin que la lumiere & le bruit ne les détournast de la meditation attentiue, qu'il [illegible] auoir pour dignement iuger les hommes.

Quant aux Romains, tāt s'en faut qu'ils laissassent la proprieté du glaiue, ie ne dis pas aux particuliers, mais encore aux plus grands Magistrats, que mesme ils ne leur en [illegible] le simple exercice sur le moindre des Citoyens de Rome : mais par leurs loix [illegible] appelloient *loix Sacrées*, le peuple s'estoit reserué iusqu'à la simple administration & [illegible] tion de cette puissance, pour ne iuger de la vie des Citoyens, qu'en assemblée [illegible] tout le peuple Romain. Encores s'estoit-il dépoüillé luy mesme de cette puissance [illegible] qu'il se pouuoit faire, permettant aux condamnez de quelque crime, que ce fust, [illegible] païs, cōme il se void dans Cicer. *pro Rabir. per. reo*, dans Salluste, *in Catilina*, & dans [illegible] l.2. Cōparez à ces anciens les Iuges sous l'Orme de ce païs, *vbi de robore Sententiae [illegible] runtur & scribuntur illicò in ossibus, vbi rustici perorant, & priuati iudicant, vbi denique [illegible].*

Et ne faut point subtiliser, pour dire, que c'est seulement la Souueraineté & [illegible] ressort de la Iustice, qui est propre au Roy, puisque la loy ciuile nous dit expressément [illegible] *omne imperium omnisque potestas ad eum translata est. l. 1. D. de constit. princ.* & que S. Paul nous dit qu'il faut obeïr au Roy, comme estant par dessus tous, & aux Magistrats comme estans enuoyez & commis par luy. Aussi est-il dit, que *Iudicandi munus est publicum*, c'est à dire, appartenant au public & à l'Estat, & le droict public consiste *in sacris & Magistratibus: Magistratus autem sunt qui iuri dicundo praesunt. tit. l. 2. §. post originem. D. de orig. iur.* mesme au Liure des fiefs, *tit. Quae sunt Regalia* entre les Droicts Royaux, est notamment specifiée *Potestas constituendorum magistratuum ad iustitiam expediendam*, & de fait *And. Isern. & Luc. de penna*, tiennent qu'il est requis autant de puissance, pour créer des Magistrats, comme pour faire des loix, *cum lex sit Magistratus mutus, & Magistratus lex animata*, νόμος ἔμψυχος,

Il ne faut pas toutefois trouuer étrange, que les Ducs & Comtes se soient emparez de la proprieté de la Iustice dans leurs territoires. Car tout de mesme ils auoient vsurpé presque tous les droicts Royaux, comme de battre monnoye, donner graces & remissions, legitimer les bastards, naturaliser les étrangers, rappeller les bannis, tailler leurs Subiets, amortir absolument les heritages de l'Eglise: Bref, tous autres droicts Royaux & de Souueraineté, & iusques à porter Couronne : reseruant seulement au Roy la foy & hommage & le ressort des procez en cas d'appel, qu'encore nos Roys eurent beaucoup de peine à conseruer: Et pleust à Dieu, quand on les a depossedez des autres droicts Royaux, qu'on leur eust aussi bien osté la proprieté la Iustice, mais il fut plus mal-aisé, pource que de leur premiere institution, l'exercice de la Iustice appartenoit à leurs dignitez.

Voilà le premier degré d'absurdité, d'auoir laissé vsurper aux grands Seigneurs la proprieté de la Iustice : toutefois ce n'eust esté que demy-mal, si sans démembrer leur Iustice, ils se fussent contentez de la faire exercer honnestement par leurs Officiers; mais comme l'vsurpation n'a point de bornes, & vne absurdité negligé en attire vne autre plus grande, ils se sont licentiez d'vsurper par apres le droict de Ressort, c'est à dire, de créer des Iustices subalternes ressortissantes par appel deuant leurs Iuges; les vnes exercées sous leur nom, à sçauoir les Preuostez qui ont esté ostées par l'Edit de Roussillon ; les autres qu'ils ont données à leurs vassaux ; & les autres en ce qu'ils ont laissé vsurper dans leur territoire, à l'exemple de celles qu'ils auoient données, qui est la seconde absurdité, plus importante au peuple, que la premiere.

Car il n'importe pas beaucoup au peuple, si les Iuges sont pourueus par le Roy, ou non : pourueu que la Iustice soit aussi bonne & briefue : mais de surcharger le peuple d'vn ou plusieurs degrez de Iurisdiction, & encore luy bailler des Iuges Guestrez, le plus souuent ignares & méchans, c'est ce qui luy importe grandement.

Cela s'est fait à l'exemple des fiefs, qui du commencement furent donnez pour estre reuocables à la volonté du Seigneur, puis furent donnez à vie, comme les Offices ; puis passerent aux heritiers iusques à certain degré, sans toutefois qu'ils peussent estre alienez ; par apres on permit de les aliener, mais non de les démembrer, qu'on disoit en pratique *éclicher* ou *dépecer* : finalement en France on les a rendus patrimoniaux, c'est à dire, qu'on les a reduits à *l'instar* des autres patrimoines & heritages ; & ce toutefois, sans que le Seigneur fust interessé ou constitué en dommage. Ainsi donc on a permis au vassal, de s'éjoüir ou comme nous disons, se joüer de son fief, c'est à dire, en conceder vne partie en arriere-fief, à condition neanmoins que le Seigneur feodal dont il releue, soit indemnisé, de sorte que s'il n'a infeodé l'arriere fief, le cens ou la rente, le démembrement est nul à son égard, & comme non fait ; si que le fief estant ouuert, la portion démembrée est aussi ouuerte, & quand il faut liquider le rachat, elle y est tousiours comprise.

De là est venu par vne similitude bien dissemblable, sous pretexte que les Iustices, qui anciennement estoient commissions reuocables, puis les Offices à vie, enfin ont esté annexées aux fiefs, & auec iceux sont passées aux heritiers ; & finalement on a dit d'icelles, comme des fiefs, qu'elles estoient aussi patrimoniales (ce qui a toutefois eu vn autre sens en Iustice, qu'en fief, comme il sera dit ailleurs) & dautant qu'on a pensé que les Iustices estoient espece de fiefs ; on s'est partant fait accroire qu'il estoit aussi licite de faire & eriger vne arriere-Iustice, i'appelle ainsi le second, ou autre degré de Iustice Seigneuriale, comme vn arriere-fief, en quoy neanmoins il y a trois notables differences.

La premiere, qu'il n'est point requis de puissance ny authorité, pour eriger vn simple fief ; qu'il n'importe qu'vne Seigneurie particuliere affecte les seuls heritages, sans interest d'autruy : mais il faut estre Roy pour créer vne Iustice, & pour donner à vn particulier la proprieté du commandement, & la puissance perpetuelle d'établir des Magistrats, & luy soumettre tout vn peuple : ce qui est sans doute vne dépendance de la Seigneurie vniuerselle & Souueraineté, qui reside au Monarque seul ; auquel, comme dit le grand Coustumier Liu. 1. Ch. 3. seul pour le tout appartient de donner & créer nouuelles Iurisdictions par tout son Royaume, & nul autre ne le peut faire sans son congé, & au Liu. 4. Chapitre 5. il ne suffit pas, dit-il, de dire, i'ay toute Iustice, & partant i'ay ressort.

Car la consequence n'est pas vraye, il faut auoir titre de ressort : Et si sans titre, vn Seigneur vse de ressort & de Souueraineté en cas d'appel ; entreprenant contre la Souueraineté du Roy, il vsurpe le Droict du Roy, & abuse de sa Iustice, & doit estre forfaite & confisquée. Aussi est ce la decision de la loy 3. *D. ad l. Iul. maiest. Qui priuatus pro potestate se gessit, lege Iulia Maiestatis tenetur.*

A ce propos du Tillet au Ch. du Connestable de France, dit ces mots. Le Procureur general du Roy au Parlement a tousiours maintenu, que les grands Officiers de France ny autre Sujet du Roy de quelque authorité qu'il soit n'a ressort (qui est droit de Souueraineté) s'il n'a titre du Roy : comme ont les Reines, Messeigneurs les fils, & les Pairs laïques de France, en leurs doüaires, Appanages & Pairies, ou autres à qui il plaist au Roy bailler par titre exprés, & ainsi fut plaidé le premier Mars 1384. le neufiéme Iuin 1399. & iugé contre l'Admiral de France le 16. Iuillet audit an 1399.

C'est pourquoy ce droict de ressort s'appelloit anciennement *droict de Souueraineté*, comme estant vn droict Souuerain, ainsi qu'il se void en ce passage de du Tillet : & en celuy du grand Coustumier, qui en vne mesme ligne fait mention de la Souueraineté en cas d'appel, & de la Souueraineté du Roy : mais les modernes pour oster cette équiuoque, appellent à present le ressort *Suzeraineté*, qui est vn mot de pratique qu'ils ont forgé tous exprés, & qui ne se trouue point dans les Dictionnaires.

La seconde raison de diuersité entre l'arriere fief & l'arriere Iustice, c'est que l'arriere-fief peut estre concedé sans prejudicier au Roy, pource qu'arriuant ouuerture du fief immediat, l'arriere-fief sera quant & quant saisi, & en l'estimation du rachat l'arriere fief sera compris ; mais l'arriere-Iustice ne peut estre erigée sans faire vn notable prejudice au Roy & aux Officiers de sa Iustice, estant notoirement vne diminution de son Greffe, & de l'emolument de ses Officiers : bref, vn éloignement & diminution de son pouuoir, quand ce qui doit ressortir immediatement en sa Iustice, n'y ressortit que mediatement. Et ce dommage n'est reparé en aucune façon, mais en effet les arriere-Iustices sont du tout distraites de l'obeïssance du Roy, & ne luy en est renduë aucune reconnoissance, ny honorable par foy & hommage, ny profitable par rachat ou quint-denier.

Ce n'est pas moy qui fait le premier cette remarque : Faber l'a faite sur les *Institut. tit. de vulg. substit.* où il est decidé en propres termes : que *Episcopi & Barones non possunt plures gradus Iudicum sub se constituere, vt Præpositos, Castellanos, Iudices foraneos. Cum enim Princeps gradus appellationum in lege scripta statuerit, videtur quòd nemo alius hoc possit, quia ex hoc posset reperiri via, quòd numquam appellaretur ad eum, si Seniores plures gradus facerent : cum non liceat tertio prouocare : sicque hoc esset in præiudicium Reipub. & Superiorum, ad quos cognitio appellationum deuolui debet.*

Voicy ce qu'en dit du Molin sur le premier article de la Coustume glos. 5. nombre 50. & suiuans : *inferior habens Iurisdictionem, non potest delegare alium sub se, vt ipsemet cognoscat de causis appellationis ad Superiorem deuoluendæ : & hoc non valeret, etiamsi fieret per viam statuti, ab habente potestatem statuendi*, ce qu'il prouue par plusieurs authoritez.

Et pour retenir l'argument du fief à la Iustice, en ce qu'ils se ressemblent, quand le Roy amortit vne arriere-fief au profit de l'Eglise, c'est tousiours sans prejudice du droit du Seigneur immediat dont il releue; auquel partant il faut que l'Eglise paye indemnité, ou luy baille homme viuant & mourant. Pourquoy donc le Seigneur de fief vassal du Roy pourra-t-il eriger vne Iustice au prejudice de Sa Majesté sans l'indemniser, puis que le Roy mesme n'entreprend rien à son prejudice ?

La troisiéme raison de diuersité (qui est à mon auis encore la plus forte) c'est l'interest du pauure peuple, qui comme l'Asne d'Esope porte tout le faix & les coups, bien qu'il ne fasse aucun mal : car quelle apparence y a-t-il, sous pretexte qu'vn Seigneur aura voulu gratifier son vassal du droict de Iustice, que les pauures Sujets qui releuoient directement deuant le Iuge Royal, n'y ressortissent plus que mediatement, & en seconde instance d'appel : & par ainsi soient surchargez d'vn nouueau degré de Iurisdiction, sans leur fait & consentement. Ce que ie confirmeray dauantage cy-apres, lors que ie rapporteray les incommoditez qui reuiennent au pauure peuple, par la multiplication de ces degrez de Iustice.

Mais il ne faut plus hesiter en ce poinct icy, puis que tous les anciens Praticiens en sont demeurez d'accord; & mesme que c'est vne regle de droict, que *Nemo gladij potestatem sibi datam, vel cuiusvis alterius coërcitionis ad alium transferre. leg. nemo potest 70. D. de reg. iur. & l. solet. § 1. D. de off. Procons.* ce qui est dit pour la Iustice criminelle, & pour la ciuile, il y a vne autre regle, que *Is demum iurisdictionem dare potest, qui eam suo iure habet, non alieno beneficio, leg. more maiorum, D. de Iurisdict.*

Pour venir au troisiéme degré d'absurdité, qui resulte des Iustices de Village, supposons que les particuliers soient capables d'auoir la proprieté de la Iustice : Supposons encore que les vassaux du Roy puissent, non seulement auoir Iustice, mais encore la conceder à leurs vassaux, & ainsi auoir droict de ressort, c'est à dire, connoistre des causes d'appel : est-ce encore vn autre degré d'absurdité, de permettre le mesme droict de ressort & la puissance de conceder Iustice, à ceux qui ne sont point vassaux du Roy.

Car il y a moins d'absurdité de laisser ce droict aux Ducs & aux Comtes, à cause de l'eminence & excellence de leurs dignitez, & (s'il faut ceder quelque chose à la Coustume inueterée) le permettre encore aux Vicomtes, Barons & Chastelains, qui sont les Barons du Royaume, c'est à dire, les grands vassaux de la Couronne, & comme parle le Liure des fiefs, *Capitanei regni* : & quand cela sera permis, tousiours n'y aura-t-il que deux degrez de Iurisdiction Seigneuriale, auant que de venir à la Royale.

Mais comment peut-on tolerer & soustenir qu'vn simple Seigneur de fief, qui n'est pas vassal du Roy, entreprenne droict de ressort au prejudice du Roy & de son Seigneur tout ensemble : & encore à la foule de ses Sujets leur creant vn troisiéme degré de Iurisdiction subalterne & Seigneuriale : Ce qui peut enfin venir à vne infinité de degrez, si on n'y met vne borne : témoin l'exemple que i'ay apporté cy-deuant, comme en tel endroit, il se trouue six degrez de Iurisdiction, auant qu'auoir Arrest, encore peut-il estre qu'ailleurs il s'en trouuera dauantage.

Or les Coustumes qui ont traité des droits de Iustice, comme celles de Tours, Anjou, le Maine, Lodunois & Poictou, ont mis deux bornes à ces vsurpations : l'vne qu'il n'y auroit que les Comtes, Vicomtes, Barons & Chastelains, qui auroient ressort & pouuoir de conceder Iustice : l'autre, qu'en tout cas il n'y auroit que deux degrez de Iurisdiction Seigneuriale au dessous de la Royale.

Lesquelles deux bornes, à bien entendre, reuiennent à vn mesme poinct. Car quand elles ont dit qu'il n'y auroit que les Comtes, Vicomtes, Barons & Chastelains qui peussent donner Iustice, elles ont entendu que ce droit n'appartenoit qu'aux grands vassaux du Roy, & non aux vassaux des Seigneurs, pour ce qu'en bonne école, les Vicomtes, Barons & Chastelains, ne peuuent estre que vassaux du Roy, comme il se collige du premier Chap. du 1. Liure des fiefs, & du Ch. 10 du 2. Liure. Car ce sont dignitez que le Roy seul peut eriger & conceder, ainsi que i'ay dit au prem. Liu. du droict des Offices des Escuyers & Cheualiers :

Ab eo enim tanquam à fonte manant omnes dignitatum riuuli, & apud eum omnes thesauri dignitatum sunt reconditi. Comme dit à ce propos *Bald. ad tit. Qui dicatur Dux, Comes, &c. in lib. feud.*

Que s'il se trouue quelques Barons ou Chastelains qui releuent des Comtes; c'est vn abus commencé du temps que les Comtes entreprirent & vsurperent tous les Droicts Royaux. Comme on void au commencement du Liure des fiefs, qu'anciennement il n'y auoit que les Ducs, Marquis, Comtes, & autres grands vassaux du Royaume, qui entreprissent de conceder des fiefs, & ceux ausquels ils les concedoient, estoient appellez *minores valuassores*, n'y ayant autres grands vassaux que ceux du Prince. Et pource que par succession de temps les petits vassaux, que nous appellons en France *arriere-vassaux*, entreprirent aussi de conceder des fiefs, ceux qui les tenoient d'eux, estoient appellez par vn troisiéme diminutif *valuasini*. Et de fait, pour reuenir à nostre poinct, la Coustume de Poictou attribuant ressort aux Barons & Chastelains, suppose notamment qu'ils releuent simplement du Roy.

Puis donc que par les Coustumes, il n'y a que les grands vassaux du Roy, ayans du moins titre de Chastelain, qui puissent auoir ressort & conceder Iustice, il s'ensuit de là, qu'il ne peut iamais y auoir que deux degrez de Iurisdiction Seigneuriale, qui est aussi l'autre borne & modification des Coustumes.

Encore des cinq Coustumes tout au plus, qui leur ont donné cette permission, celle de Tours ne connoist qu'vn degré de Iurisdiction Seigneuriale; car elle dit en l'art. 72. que si le Comte, Baron, ou Chastelain donnent Iustice, ce ne sera au prejudice du ressort du Roy, ny au dommage des Sujets; de sorte, dit-elle, que les appellations de la Iustice par eux concedee ressortiront directement en la Iustice du Roy.

„ Et presque en tous les procez verbaux des autres quatre Coustumes, les gens du Roy „ s'en sont plaints, & en ont fait leur protestation. En celle d'Anjou, Les gens du Roy, por„ te le procez verbal, ont remontré que les Vicomtes & Barons donnant Iustice à leurs vas„ saux, & retenant à eux le ressort, font par ce moyen plusieurs degrez de Iurisdiction, au „ prejudice du Roy & de ses Sujets, protestent que cela ne puisse prejudicier aux droicts „ du Roy, en tant que touche le ressort, dont leur a esté octroyé acte.

„ En celle de Poictou, Le Procureur du Roy, dit aussi le procez verbal, a remontré que „ la multiplication des degrez de Iurisdiction, est au grand prejudice & foule des pauures „ Sujets, qui pour plaider de leurs brebis & vaches, sont par telle multiplication de de„ grez grandement trauaillez, tellement que le principal, dont ils plaident, est consommé „ auant qu'ils soient venus au Iuge Royal, & que les Seigneurs qui ont concedé les Iustices, „ ne trouueront dans leurs adueus, qu'ils ayent permission du Roy de ce faire, & qu'à cette „ cause seroit bon trouuer quelque expedient pour y obuier.

Outre il faut considerer, qu'en ces Coustumes on a redigé par écrit ce qui s'obseruoit, & estoit en vsage en leur Prouince par l'vsurpation tyrannique des Seigneurs, & à quoy deslors le peuple estoit accoustumé, & non pas ce qui se deuoit obseruer selon le droict & l'équité.

Que s'il y a tant d'abus aux Iustices concedees, encore plus abusiues sont celles qui ont esté vsurpees sans concession. Car outre que ces mesmes absurditez s'y retrouuent, il a esté montré cy-deuant, que tous les pretextes, sous lesquels elles ont esté vsurpees, sont absurdes & faux: comme de penser que quiconque a fiefs, ait aussi Iustice: que la concession d'vn fief faite par celuy qui a Iustice en tout son territoire, emporte concession d'vne Iustice particuliere subalterne au fief concedé: que la concession d'vn fief faite sous ces termes, *Cum hominibus*, attribuë Iustice: que par le moyen des Parages les puisnez ayent Iustice particuliere en leur partage, ressortissant en celle de l'aisné: Bref, que l'amortissement des terres de l'Eglise emporte concession de Iustice.

Or outre que les Iustices de Village sont abusiues en tant de façons, le pis est, qu'elles sont infiniment pernicieuses, & qu'il en redonde de grandes incommoditez au pauure peuple, ce qu'il faut representer maintenant.

Premierement, il est notoire que cette multiplication de degrez de Iurisdiction rend les procez immortels, & à vray dire ce grand nombre de Iustices oste le moyen au peuple d'auoir Iustice.

Nec querimur ius non dici legesque silere.
Ius nimium dici querimur.

Car qui est le pauure païsan, qui plaidant, comme dit le procez verbal de la Coustume de Poictou, de ses brebis & de ses vaches, n'aime mieux les abandonner à celuy qui les retient injustement, qu'estre contraint de passer par cinq ou six Iustices auant qu'auoir Arrest: & s'il se resout de plaider iusques au bout, y a-t-il brebis ny vache qui puisse tant viure: mesme que le maistre mesme mourra auant que son procez soit iugé en dernier ressort. Qui est le mineur qui poursuiuant la reddition de son compte aux lieux où il y a tant de degrez de Iurisdiction, ne deuienne vieil auant que d'auoir son bien, si son tuteur se resout à plaider iusques à la fin? Quelle injustice est-ce là, qu'vn pauure homme passe tout son âge, employe tout son labeur, consomme tout son bien en vn méchant procez, & qui pis est, apprehendant l'incertitude de tant de diuers jugemens, il soit toute sa vie en allarme, & dans les apprehensions continuelles d'estre ruïné?

Si nous apprehendons à nostre mal l'autruy, nous croirons qu'abreger vne année de procez au pauure peuple, n'est pas vn moindre bien, que de luy épargner vne année de maladie & de langueur continuelle. Et certainement aux endroits où il y a tant de degrez de Iurisdiction, il est plus expedient de tout quitter que de plaider contre vn opiniastre: aussi bien comme dit Iuuenal,

Res sæpè atteritur tanto sufflamine litis.

Et Dieu sçait combien il y en a qui sont contraints pratiquer l'expedient d'Hesiode πλέον ἥμισυ παντός. Aussi est-ce vn Prouerbe, *Iudicium rusticorum*, quand on quitte la moitié pour auoir l'autre. D'où il s'ensuit, puis que la fin de la Iustice est de faire rendre à vn chacun ce qui luy appartient, qu'il n'y a rien de plus contraire à la Iustice, que ces Iustices de Village.

Et ne faut point dire que c'est le soulagement du peuple, de luy rendre la Iustice sur le lieu. Car à bien entendre, les frais sont plus grands en ces petites mangeries de Village, qu'aux amples Iustices des Villes: où premierement les Iuges ne prennent rien des expeditions de l'Audience, & au Village pour auoir vn méchant appointement de continuation de cause, il faut saouler le Iuge, & le Greffier & les Procureurs de la cause en belle Tauerne, qui est le lieu d'honneur, *locus maiorum*, où les actes sont composez, & où bien souuent les causes sont vuidées à l'auantage de celuy qui paye l'écot. Et quant aux causes appointées en Droit (car il ne s'en juge point sur le champ, quelques legeres qu'elles soient) il les faut porter aux bonnes Villes, pour auoir du conseil, & sous ce pretexte, les épices n'en sont pas moindres. Outre que quand ces mangeurs & sangsuës de Village ont vne riche partie en main, ils sçauent bien allonger pratique, & faire durer la cause autant que son argent.

Non missura cutem, nisi plena cruoris hirudo.

Mais voicy le comble du mal, c'est que non seulement la Iustice est longue & de grand coust aux Villages, mais sur tout elle y est tres-mauuaise, & ce pour trois raisons principales.

Premierement, parce qu'elle est renduë par gens de peu, sans honneur, sans conscience; gens qui dés leur ieunesse n'ayans appris à trauailler, ont fait estat de viure aux dépens & de la misere d'autruy, ou qui ayans consommé leurs moyens, taschent à se recourre sur leurs voisins par la chicanerie qu'ils ont apprise en plaidant: gens accoustumez à viure en débauche aux Tauernes, où ils s'habituënt à faire toutes sortes de marchez: gens qui s'allient ensemble, pour courir les Villages & les marchez, & changent tous les iours de personnage, pource que celuy qui est aujourd'huy Iuge en vn Village, est demain Greffier en l'autre, apres demain Procureur de Seigneurie en vn autre, puis Sergent en vn autre, & encore en vn autre il postule pour les parties: & ainsi viuans ensemble & s'entr'entendans, ils se renuoyent la pelote, ou pour mieux dire la bourse l'vn à l'autre, comme larrons en foire.

Secondement quand ils feroient gens de biens (ce qui arriue assez rarement) ce sont gens non lettrez ny experimentez, qui sous pretexte d'vn peu de routine qu'ils ont appris estans records de Sergens, ou Clercs de Procureurs, accommodent ce qu'ils sçauent à toute cause, *docti cupressum simulare*, & instruisent si mal les procez, que bien souuent apres qu'ils les ont trainé vn an ou deux deuant eux, quand ils sont deuolus par appel deuant vn Iuge capable, il est contraint d'en recommencer l'instruction. Car il est certain qu'on ne peut pas trouuer tant de gens de capacité qu'il en seroit besoin, qui se vueillent obliger & assujettir à exercer tant de petites Iustices qu'il y a en France, où bien souuent, hors les saisies & autres chicaneries des droicts du Seigneur (qu'il faut seruir à son mot) il n'y a pas quatre causes en l'an.

Et neanmoins c'est la verité que l'instruction des procez en ces petites Iustices est la partie de nostre Estat & la plus difficile & la plus importante. Plus difficile, pource qu'il y arriue bien souuent des occurrences & difficultez toutes nouuelles qui ne se trouuent dans les Liures, principalement entre Païsans, qui ne peuuent pas donner leur fait à entendre nettement, comme feroient de bons Aduocats bien preparez: & toutefois il faut vuider ces pointilles sur le champ sans conseil: car les causes de Village ne meritent pas d'estre appointées sur vn point d'instruction. Et ie puis dire que tel Iuge notable de compagnie qui prononceroit tres-bien, estant assisté de Conseillers en vne Audience fournie de bons Aduocats, se trouueroit bien empesché, s'il s'estoit rencontré tout seul à tenir sous l'Orme les Plaids de sa Iustice, & à déchiffrer le iargon & le patois des Païsans. Que fera donc en tel accessoire vn Praticien de Village, sinon de iuger à tort & à trauers?

Plus importantes aussi, pource que la faute ou mauuais iugement qui suruient en la definitiue, se peut bien reparer en cause d'appel, mais celle qui se fait en l'instruction, est ordinairement irreparable: & d'ailleurs il est assez aisé de bien iuger vn procez bien instruit, mais il est presque impossible de bien iuger celuy qui est mal instruit.

En troisiéme lieu la Iustice des Villages ne peut qu'elle ne soit mauuaise, pource que ces petits Iuges dependent entierement du pouuoir de leur Gentil-homme, qui les peut destituër à sa volonté, & en fait ordinairement comme de ses valets, n'osans manquer à ce qu'il commande. Ce qui est fort dangereux en tout, & principalement en deux points.

L'vn que le Gentil-homme plaidant deuant son Iuge pour les droits de sa seigneurie, tout ainsi que le Roy plaide deuant ses Officiers (ce qui est necessaire à l'égard du Roy, pource qu'il n'a point de superieur) Dieu sçait comment il vsurpe hardiment & impunément sur ses sujets, soit les bannalitez, soit l'augmentation de ses cens, soit la haute taxe de ses rachapts à tant par arpent, soit les fruits de pure perte, soit les biens des mineurs ou des pauures gens, sous pretexte de desherence & autres pretextes, soit des peages, soit des corvées, soit des subsides & leuées de deniers, soit des amendes en toutes causes, dont les pauures sujets ne s'osent plaindre; & quand ils s'en plaindroient, leurs Iuges n'en oseroient faire Iustice, & si on les sçauroit bien attraper au passage. *Infestum pagi quia Regem semper habuerent.* Et c'est possible pourquoy on dit que le Seigneur de paille mange le vassal d'acier.

L'autre danger est aux causes criminelles, car outre qu'il n'y a point d'apparence, que des Iuges guestrez, tels qu'ils viennent d'estre dépeints, ordonnent de la vie des hommes, c'est chose notoire que la plusparr des crimes demeurent impunis, pource qu'ils n'oseroient en faire Iustice, s'il ne plaist à leurs Gentils-hommes, qui ont trop accoustumé de supporter les méchans, qu'ils appellent *gens de seruice.* D'ailleurs, si vn delinquant est homme sans moyens, le Gentil-homme n'a garde de luy laisser faire son procez, s'il n'y a bonne partie, pource que les frais de la cause d'appel & de la conduite du prisonnier tombent sur luy: Au contraire, s'il est homme de moyens, c'est chose toute commune que le Gentil-homme composera auec luy de sa confiscation ou de l'amende, comme si tous les crimes estoient faits pour apporter du profit aux Seigneurs Iusticiers: & s'il ne veut composer se sentant innocent, ou que le Gentil-homme luy vueille mal, il ne manquera pas de témoins en son Village, pour attraper vne bonne confiscation, témoins, dis-je, qui bien souuent sont ouys, recolez & confrontez sans parler.

Dicere vix possis, quam multi talia plorent,
Et quot venales iniuria fecerit agros.

Il y a encore vn autre grand inconuenient qui prouient de ces Iustices, c'est que chaque Gentil-homme veut auoir son Notaire à sa poste, qui refera trois fois, s'il est besoin, son contract de mariage, ou luy fera tant d'obligations antidatées qu'il voudra, si ses affaires se portent mal, ou s'il a vn coup à faire: Notaire, qui de longue main se pouruoir de témoins aussi bons que luy, ou bien qui en sçait choisir, apres leur mort, de ceux qui ne sçauoient point signer. Et s'il a receu quelques vrais contracts qui soient d'importance, il n'oseroit faillir d'en mettre les minuttes és mains & à la mercy de son Gentil-homme, s'il les demande, qui par apres les vend, & en compose ainsi qu'il luy plaist. Voilà comment la foy publique est obseruée aux Villages. Concluons donc par le dire de cette ancienne Comedie, *O sylua! ô solitudines! quis vos dixit liberas?*

De ce discours il paroist clairement à mon auis, que le plus grand & plus important abus & desordre qui soit en France, ce sont ces mangeries de Village, que ie ne puis appeller Iustices, pource qu'il ne s'y fait rien moins que la Iustice: & ie diray en passant que i'ay balancé en moy-mesme, si ie deuois mettre ce discours en lumiere, de crainte que les étrangers qui admirent les loix de France, ne se scandalisent, que nous ayons enduré si long-temps vn tel desordre: ce qui m'y a resolu, c'est l'asseurance que i'ay que ce petit Traité ne meritera pas d'aller iusqu'à eux.

Que s'il plaisoit à Messeigneurs les Gens du Roy en la Cour de Parlement pour la manutention des droits de Sa Majesté, & principalement pour la pitié du pauure peuple, faire sonder ce guay par leurs Substituts des Prouinces, ils y trouueroient encore plus d'ordure que ie ne dis.

Pour moy, depuis trois ans que ie vis parmy ces petites Iustices, i'y ay encore plus veu de mal que ie ne puis exprimer, non toutefois graces à Dieu, en celles qui me concernent. Entr'autres ie puis dire que i'ay surpris deux ou trois nichées de Praticiens qui commençoient à installer de nouuelles Iustices (chose qui se fait tous les iours, & si on n'y met ordre, il y aura en bref autant de Iustices en France que de hameaux) & les ayant interrogé s'ils estoient pourueus de leurs pretendus offices par mort ou resignation, & où ils auoient fait le serment, ils m'ont tous confessé qu'ils ne sçauoient qui estoit leur predecesseur, & qu'ils n'auoient point fait de serment en Iustice: & notamment i'en ay trouué vn que ie declareray par honneur (c'est le pretendu Preuost de Liconcy prés Orleans) qui apres son interrogat me declara ne sçauoir écrire ny signer, comme c'estoit la verité. Voilà pas le dire de la Comedie. *Ad Ligerim sententiæ capitales de robore proferuntur, & scribuntur in ossibus: ibi rustici perorant & priuati iudicant, ibi totum licet.*

Il me sera pardonné, si parmy tant de donneurs d'auis tendans à la foule du peuple, *Quæ est optima summi Nunc via processus.*

Ie m'auance d'en donner vn pour son soulagement, & ensemble pour la manutention de l'authorité du Roy; à sçauoir que comme lors qu'on a voulu reformer les Forests de France, on a saisi tous les vsages, afin de voir les titres de la concession d'iceux, & partant discerner les vsurpateurs d'auec les legitimes vsagers: aussi que toutes les Iustices seigneuriales, fors celles des Ducs, Comtes, Vicomtes, Barons & Chastelains releuans immediatement du Roy (car de telles dignitez la Iustice est aujourd'huy reputee vne dependance naturelle) fussent saisies de l'authorité de Monseigneur le Procureur general, auec defenses de les exercer à peine de priuation, iusques à ce que la Cour de Parlement, apres auoir veu les titres d'icelles, en eût donné main-leuee.

Puis que toute Iustice dépend du Roy, est-il pas bien raisonnable qu'vne fois au moins en plusieurs siecles, & centaines d'annees, le Roy en soit seruy & reconnu: & que sa Iustice souueraine reconnoisse à quel titre, & comment toutes les Iustices inferieures sont exercees?

Lors la Cour verroit clairement, qu'il y a plus de la moitié de ces Iustices, qui ont esté vsurpees sans concession aucune, & entre celles qui se trouueroient auoir esté concedees, elle verroit qu'il n'y en a pas de dix vne qui ait esté erigee legitimement, & par ceux qui en eussent pouuoir, mesme elle verroit que tel Seigneur a concedé Iustice à son vassal, dans le territoire & enclaue d'vn autre Seigneur, & en diuerse Coustume, où le concedant n'auoit aucune Iustice ny puissance: ce qui apporte en plusieurs lieux vn grand entrelassement & embarassement, pour la diuersité des Coustumes; & qui plus est, elle trouueroit plusieurs Iustices concedees par des Seigneurs qui n'en ont point eux-mesmes.

Que si elle vouloit entrer plus auant à reconnoistre comment ces Iustices s'exercent, faisant mettre les Registres des Notaires & Greffiers d'icelles és mains des Substituts de Monseigneur le Procureur general en chacune Prouince: il s'y trouueroit de beau ménage, encore qu'aux Villages on sçache bien pratiquer le Prouerbe, *A mal exploiter, bien écrire.*

Mais sans en venir là, puis que l'vsurpation & l'abus de ces Iustices est desia trop notoire, s'il plaisoit à nostre bon Roy, qui desia paroist aussi grand & excellent en paix qu'en guerre: afin de soulager son pauure peuple du plat païs, & luy donner moyen de supporter les grandes charges que les guerres ont causees, & quant & quant pour maintenir son authorité, retrancher & supprimer par vn bel Edit toutes ces Iustices inutiles, non concedees par luy, ny ses predecesseurs; & partant ne laisser qu'vn degré de Iurisdiction seigneuriale en son Royaume. Ie dis que ce seroit l'Edit le plus iuste en point de Iustice, le plus honorable pour la conseruation de son authorité, le plus vtile pour le pauure peuple, bref, le plus necessaire pour la reformation de la Iustice qui possible ait iamais esté fait.

Ie ne suis pas le premier Autheur de cet aduis: Ce docte personnage Turnebus, en l'Epistre admirable qu'il a laissee sur ce mesme sujet, qui sera ajoustee à la suite de ce petit discours, conclud resolument & sans hesiter, qu'il faut abolir toutes les Iustices des Seigneurs; & mesme ne laisser qu'vn seul degré de Iurisdiction Royale, outre le Parlement. Mais du Molin principal Illustrateur du Droict François, me semble auoir directement touché au but & au poinct de la mediocrité. Car apres auoir crié en tous ses Liures contre ces petites Iustices, il dit en quelque endroit qu'il fut cause du 24. article de Roussillon, par lequel le Roy Charles qui desia par l'Ordonnance d'Orleans auoit retranché le second degré de ses propres Iustices, reünissant les Preuostez aux Bailliages, osta tout de mesme aux Seigneurs Iusticiers de son Royaume, le second degré de Iurisdiction.

En consequence de cet Edit, du Molin estimoit que tous les seconds degrez de Iurisdiction seigneuriale, c'est à dire toutes les Iustices des Seigneurs, ressortissantes en autre Iustice seigneuriale fussent abolies & supprimees à iamais par toute la France, & partant qu'il n'y eust plus desormais qu'vn degré de Iustice subalterne auant que de venir en la Royale. Ce qu'il remarque plusieurs fois aux apostils des Coustumes, qu'il fit imprimer en l'an 1565. qui est vn an ou deux apres l'Edit de Roussillon, & c'est le dernier Liure qu'il a fait imprimer.

Comme sur l'article 72. de la Coustume de Tours, portant que le Baron peut bien conceder Iustice, mais non pas au prejudice du ressort du Roy, & à la foule de ses propres sujets. *In istis*, dit du Molin, *quæ non solùm per errorem emerserunt, sed etiam sunt contra ius Regis, & contra bonum publicum, non valet consuetudo: & certum est, post Edictum Regis Caroli noni de optando, quod hæc consuetudo est abolita.*

Sur l'article 62. de celle d'Anjou, parlant des Iustices concedees par les Barons & Chastelains, *Hoc est*, dit il, *iniquum, vt tangitur in processu verbali infrà, & est hodie correctum.* Et sur pareil article de celle du Maine il dit, *Sed hodie hoc non licet, obstante noua constitutione Caroli noni, vt domini locorum non vtantur nisi vno gradu Iurisdictionis, vnoque tribunali, & sic nullo modo possunt multiplicare, vt scripsi in consuetudines Paris. §. 10. & in annot. ad cap. vlt. ne cler. vel mon.*

in 6. & in cap. fiis cui glos. penult. de offic. deleg. in 6. dixi etiam in tract. de dignit. & Magist. Roman. num. 91. Autant en dit-il encore sur le premier art. de la Coust. du grand Perche.

Neanmoins pour vn petit mot qui se trouue coulé en ce 24. article de l'Edit de Roussillon, que les Seigneurs ayans deux degrez de Iurisdiction, opteront lequel ils voudront retenir : la Cour de Parlement tres religieuse obseruatrice des Ordonnances du Roy, ne le voulut pas étendre par dessus ses propres termes, & partant elle n'a point touché aux seconds degrez de Iurisdion seigneuriale appartenant à diuers Seigneurs.

Et toutefois c'est la verité que le second degré de Iurisdiction est beaucoup plus tolerable, quand il appartient à vn mesme qu'à diuers Seigneurs. Car quand il appartient à mesme Seigneur, le Roy est seruy & reconnu de tous deux ensemble, aussi est-il à presumer que c'est luy qui les a concedez tous deux, posé qu'ils se trouuent dans les adueus de son vassal. Mais quand le second degré est à vn arriere vassal, le Roy n'en est nullement seruy, & n'y a aussi nulle apparence qu'il l'ait concedé. Ioint que la Iustice n'est pas tant demembree & auilie, quand les deux degrez s'exercent sous l'authorité d'vn Comte, Baron ou Chastelain notable, que si l'vn d'iceux s'exerce sous le nom d'vn petit Gentil-homme. D'ailleurs il y a plus d'absurdité à souffrir qu'vn Seigneur donne des secondes Iustices à vn en proprieté, que de luy permettre seulement d'établir des seconds Iuges en titre d'Office.

Finalement en laissant aux Comtes, Barons & Chastelains vn second degré de Iurisdiction, c'estoit limiter les Iustices Seigneuriales, à deux degrez : mais leur permettant de conceder des Iustices, c'est souffrir vne multiplication infinie de degrez.

Puis donc que l'vsurpation de ces petites Iustices ou plutost mangeries de Village est si manifeste, puis que les absurditez & abus s'y trouuent si apparens, puis que les inconueniens qui en resultent sont si notoires; seroit-il pas raisonnable d'ordonner en declarant & amplifiant l'Edict de Roussillon, qu'il n'y auroit plus qu'vn degré de Iurisdiction subalterne par toute la France,& que le Roy auroit seul,comme il doit,le ressort des Iustices de son Royaume, & que ses Iuges connoistroient seuls des causes d'appel.

Aussi le droict de ressort est si notoirement vn des droicts de la Couronne; c'est pourquoy il s'appelle par son vray nom *droict de Souueraineté*, comme il a esté prouué cy-dessus : & de fait, le mot, *Appeller*, ne signifie autre chose, à bien entendre, sinon reclamer, & implorer l'aide du Souuerain, & inuoquer son authorité, contre l'injustice qu'on pretend auoir receuë. C'est donc faire iniure au Roy qui est le Chef de la Iustice, de s'addresser à autre qu'à luy ou à ses Officiers, pour reprimer l'injustice.

On pourroit toutefois excepter de cette regle, suiuant le discours de du Tillet, cy-dessus rapporté, les Reines, les Princes du Sang, & les Pairs de France, en leurs douaires, Appanages & Pairies : Et pour l'excellence de leurs qualitez & dignitez laisser à eux seuls le droit de ressort & le pouuoir de conceder Iustice à leurs vassaux; aussi que ce ne seroit point constituer vn degré plus éloigné de Iurisdiction, pource que toutes ces seigneuries ressortissent immediatement à la Cour.

Par ce moyen il y auroit vn ordre tres-beau & tres net aux Iustices de France ; car il n'y auroit par tout que trois degrez de toute Iurisdiction: A sçauoir la subalterne,qui seroit celle des Preuosts Royaux & des Iuges des Seigneurs : la Presidiale, qui est celle des Baillifs & Seneschaux(qu'on appelloit tous anciennement Iuges Presidiaux,pource qu'ils sont comme les Presidens des Prouinces du droict Romain)& encore les Iuges de Pairie: & finalement le Parlement pour le dernier ressort. Ainsi on pourroit dire que les Iuges subalternes auroient la basse Iustice, que le droict appelle *simplicem iurisdictionem*, c'est à dire sans empire & souueraineté, & sans droict de ressort : les Iuges Presidiaux auroient *mixtum imperium*, & la moyenne Iustice,participant de la souueraineté & de la simple Iurisdiction : & les Parlemens auroient la haute Iustice, *merum ac summum imperium*, representans le Prince souuerain, tant au dernier ressort, qu'au pouuoir de moderer par l'équité la rigueur & la seuerité du Droict.

Ce qui conuiendroit directement à la vraye diuision des Magistrats rapportee par Bodin. Car comme les Magistrats sont ceux qui *iuri dicundo præsunt*, dit la loy 2. §. *post originem. D. de orig. iur.* il les diuise en grands, moyens,& petits Magistrats. Entendant par les grands Magistrats ceux qui commandent à tous les autres, & n'obeïssent qu'au Prince : par les moyens ceux qui obeïssent aux grands, & commandent aux petits Magistrats : & finalement par les petits ceux qui obeïssent à tous les autres, & ne commandent qu'aux particuliers.

Ainsi seroit obseruee la regle de Droict que *non licet tertiò appellare l. vnica C. ne in vna causa liceat tertiò prouocare.* Et si le Parlement ne seroit point frustré de son ressort. Regle qui sans doute s'obseruoit anciennement en France en la Iustice laye, tout ainsi qu'à present elle s'obserue encore en l'Ecclesiastique, comme il se collige clairement du passage de *Io. Fab.* preallegué *Instit. de vulg. sub. in princ.* Mais apres qu'il y a eu tant de degrez de Iurisdiction, le Parlement qui n'a voulu perdre son ressort, a receu les troisiémes, mesme les quatriémes & cinquiémes appellations.

Au contraire ie n'estime pas, qu'on puisse alleguer aucune raison valable, pour maintenir l'vsurpation de ces petites Iustices,& empescher vne reformation si iuste & si necessaire. Car puis que l'erreur est découuert, on ne se peut defendre ny de prescription, ny de Coustume particuliere, qui ne peuuent valoir contre les droicts vrayement Royaux, & contre le bien public, comme du Molin a dit aux lieux cy-dessus alleguez, *Nam & iura regia imprescriptibilia sunt, & consuetudo non valet, per quam neruus publicæ disciplinæ rumpitur. cap. inter. & cap. cum venerabilis extr. de consuet.*

Et puis que par l'Edit de Roussillon le Roy a tres-iustement osté les Preuostez & seconds degrez de Iurisdiction appartenans à mesme Seigneur, bien qu'il fût fondé & en Coustume & en prescription, & mesme en ses adueus, & en titre & concession expresse. Puis qu'aussi il a bien pû oster & supprimer par l'Ordonnance de Moulins les Iustices des Maires & Escheuins, bien que concedées d'ancienneté par ses predecesseurs, & depuis confirmées de Roy en Roy: pourquoy fera-t-on difficulté que Sa Majesté ne puisse aussi iustement abolir les Iustices secondes de ses arriere-vassaux erigées sans sa permission.

Ie dis mesme qu'à bien considerer, le Roy feroit le bien & le profit des Gentils-hommes, de leur oster ces arriere-Iustices. Car outre qu'il déchargeroit leur conscience & leur honneur des crimes qui se commettent en leur detroit: il est bien certain que le iuste profit qui prouient de ces petites Iustices ne suffit pas, pour payer annullement les gages des Officiers d'icelles. Et s'il échet qu'il faille mener vn criminel à la Cour, & le faire pendre aux dépens du Seigneur, vingt années de l'émolument de la Iustice n'y suffiront pas. Outre les risques & procez en reglement, qu'il faut soûtenir & contre les voisins & contre les superieurs. Car en matiere d'vsurpation il n'y a point de regle certaine, chacun en prend par où il peut, & apres il faut plaider ou se battre.

D'ailleurs il est notoire que c'est la ruine d'vn Village d'y auoir vne Iustice. Car cela apprend à plaider aux païsans, & les détourne de leur trauail. S'il y a vne ligue de chicaneurs, ils tiennent tous les bons laboureurs en bride: & s'il y a vn bon ménager en la Paroisse, ces chicaneurs luy courent sus, & ne cessent qu'ils ne l'ayent ruïné. Quand le temps de la recolte vient, toutes les terres sont saisies faute de foy, faute de cens, faute du payement des rentes; de sorte qu'au lieu de cueillir la gerbe il faut aller chicaner. *Iamque serit lites, qui fruges ante serebat.* Que si on dit en commun Prouerbe qu'il ne faut qu'vn Sergent pour ruïner vn Village; que sera-ce donc s'il y a vn nombre complet d'Officiers?

Tout le dommage qui viendroit aux Gentils-hommes de l'abolition de leurs Iustices (si dommage doit estre appellé) est qu'ils seroient priuez de cette authorité tyrannique qu'ils vsurpent sur leurs sujets, de leur faire payer des droicts sans droict, & des amendes sans Iustice, de trauailler les innocens, & maintenir les coupables, qui est ce qu'il faut corriger. Mais quant aux iustes prerogatiues & droicts qui appartiennent aux Gentils-hommes en consequence de leurs Iustices, comme la preseance, les honneurs de l'Eglise, le droict de chasse, droict de Moulins, droict de Bannalité, & autres semblables; le Roy les leur peut conseruer, mesme augmenter en supprimant leurs Iustices.

Mais afin de ne rien obmettre en ce discours, supposons qu'il plaise au Roy introduire quelque iour en son Royaume cette belle & necessaire reformation, de ne laisser qu'vn degré de Iustice seigneuriale; sembleroit-il point plus raisonnable de laisser aux Gentils-hommes leurs Iustices, & les faire toutes ressortir à la Iustice Royale, *omisso medio*, de leurs Seigneurs qui les ont concedées? & ce suiuant la disposition de la Coustume de Tours, qui porte que les Barons & Chastelains peuuent bien conceder des Iustices à leurs vassaux: mais non „ au prejudice du ressort du Roy, & à la foule des sujets; de sorte, dit cette Coustume, que „ les appellations des Iustices ainsi concedées doiuent ressortir à la Iustice Royale. Aussi qu'on peut dire que les Suzerains se doiuent imputer d'auoir ou concedé ou laissé vsurper ces arriere-iustices, au lieu qu'ils deuoient garder leur territoire entier, sans en faire ou en souffrir le démembrement.

Ie dis toutefois que cette ouuerture n'est ny iuste ny vtile pour trois raisons principales. La premiere concerne l'interest du Roy, pource qu'en point de Droict *Rex non tenetur admittere multiplicationem Tribunalium, seu Iurisdictionum: sed quæque Iurisdictio debet remanere & exerceri præcisè in illa forma, & in illis terminis, in quibus fuit concessa à superiore*, dit du Molin sur le 10. art. de la Coustume, traitant cette question. Enquoy le public a vn notable interest, pource qu'au lieu d'vne ample Iustice que le Roy a concedée, pour l'exercice de laquelle le Seigneur trouuera facilement des Officiers capables, qui se contenteront de salaires mediocres attendu l'abondance des causes, à la descharge du peuple, il se trouueroit en tel Comté cinquante petites Iustices, qui estant ainsi separées & demembrées, ne valent pas la peine d'estre exercées par vn méchant chicaneur de Village, qui est contraint, pour en viure, de prolonger les procez & rançonner les plaideurs.

La seconde raison concerne l'interest des sujets, pource que si cette derniere ouuerture estoit suiuie, tous les mesmes inconueniens & incommoditez des petites Iustices cy-dessus, apportées demeureroient, horsmis seulement la longueur qui resulte de la publication des degrez: comme l'authorité tyrannique des Gentils-hommes, l'ignorance des Iuges de Village, leur malice & subiection à leurs Gentils hommes, de sorte que ce seroit vn remede palliatif, au moins qui ne gueriroit qu'vne partie de la maladie.

La troisiéme & principale raison qui regarde l'interest des Seigneurs suzerains concesseurs de ces petites Iustices, est qu'ils les ont concedées ou tolerées à la charge du ressort pardeuant eux & non autrement, de sorte que ne venant point à eux, mais au Roy & à la Loy, qu'ils n'entretiennent les termes de leur concession ou de l'ancien vsage, il n'est pas raisonnable que par la reformation, leur courtoisie & liberalité fust tirée & estenduë à leur preiudice plus outre que la condition d'icelle, mais il seroit bien plus équitable, de retrancher & annuller ce qu'ils ont fait illicitement par l'importunité de leurs vassaux, & pour les gratifier, & ainsi reduire les choses en leur premier estat; que sous pretexte de leur bonté, vouloir distraire entierement leurs vassaux de leur pouuoir & Iustice: donnant aux vassaux vn nouuel auantage, sans aucune raison ny merite, & priuant les Seigneurs de leur droit, sans leur fait & consentement; & par ainsi laisser les Iustices des seigneurs suzerains tellement affoiblies que celles de leurs vassaux seroient bien souuent les plus amples.

Concluons dont de tout ce discours que les Iustices de Village ont esté ou mal concedées, ou vsurpées; que leur tolerance est pleine d'absurdité, & contre toute raison: que leur exercice est plein d'abus & maluersations; & partant qu'il est tres-expedient, tres-iuste & tres facile de les reünir en vn seul degré de Iurisdiction & en vn mesme Siege qui seroit la conseruation de l'authorité du Roy, & sur tout le grand soulagement du pauure peuple tant diminué pendãt les guerres, & tant surchargé de subsides, bien que necessaires depuis la paix, afin qu'il ne soit plus tant diuerty par les procez de son labeur & trafic, que son argent luy demeure pour fournir aux tailles du Roy. Qui est la propre consideration de cette belle Nou. huictiéme de Iustin. qui prohibe la venalité des Offices de Iudicature, Ἐνεθυμούμεθα πολλὴν εἰσελθοῦσαν τοῖς πράγμασιν ἀδικίαν ἔκ τινων χρόνων, καὶ βιαζομένην τοὺς ἡμετέρους ὑπηκόους, καὶ εἰς πενίαν ἐλαύνουσαν: ὡς εἰς τελευταῖον τὴν αὐτῶν ἀπορίαν κινδυνεύειν ἐλθεῖν, καὶ μηδὲ τὰ συνήθη καὶ τεταγμένα τῷ δημοσίῳ διαλύεσθαι, χωρὶς μεγάλης ἀνάγκης τιθέναι. Πῶς γὰρ ἂν ἴσχυον οἱ συντελεῖς τάς τε ἔξωθεν ζημίας, καὶ τὰς τε νενομισμένας εὐσεβείας ἐναρμαῖν εἰσφοράς.

ADRIANI TVRNEBI

EPISTOLA AD D. M. HOSPITALEM FRANCIÆ Cancellarium, scripta anno 1560. In eandem sententiam.

Picifera Cereri fruges, vinumque Lyæo,
Vndas Neptuno, Pomonæ ruris honores,
Arboreos fœtus Siluano, vmbracula siluæ,
Aucupiumque dabit Fauno, Diuisque benignus.
Esse volet rerum, quarum illis copia magna est,
Qui tibi consilium Consa dabit: illud in isto
Pectore quo regni res nostræ euoluis, abundat:
Id tua nec tenui vena præcordia fundunt,
Flumine sed largo, riuos vt quisque viritim
Deriuare sibi possit, neque mentis egere.
Hinc apices summos es adeptus honore togato.
Conciliante tibi Phœbo Phœbique caterua,
Queis in delicijs & amoribus vsque fuisti.
Regis amicitiam magni, summumque fauorem
Iure Megistanum, cùm te sic arte polissent,
Muneribusque suis voluissent esse beatum,
Consilio vt magnus, maior quoque dotibus esses
Pieridum, & versus faceres quos musa sonaret,
Quos Phœbus caneret, quos æmula redderet Echo,
Aspernata si qui reliquorum carmina vatum.
Et tamen euectus supremæ ad iura curulis,
Stas infra meritum: quòd honoribus altior extas:
Et tua se virtus fasces longè erigit vltra:
Purpura nec decorat te, sed radiante refulget
Virtutis splendore tuæ, finiturque corusco
Personæ, & quod te vestit decus accipit inde:
Ornamentum alijs & cultus, sed tibi pannus:
Tuque ornatus ei, segmentum, fimbria, limbus
Aureus, & patagi tu serica trama nitentis,
Et circumtextus croceo mæander acantho.

Qui te igitur doceat, pro certo insanus haberi
Debeat, ex alto quia nil pote quamlibet vlli
Exquiri magna cura, quin mentis id vno
Protinus adspectu videas promasque latebris.
Sed tamen vt nitida Iouis armiger ales in æthra,
Cuius ab aspectu se nubibus omnia latè

*Subyciunt oculis longéque, intentus olorem
Dum petit, insidias auibus vel tendit opimis,
Non culicem blattamque videt vermemque pusil-
lum:
Sic tua maiori rerum mens pondere pressa
Ac distracta, nequit spectare negotia parua.
Quæ quia nos humiles exercent sæpeque lædunt,
Cernimus, atque fidem Diuumque hominumque
rogamus.
Nec querimur ius non dici legesque silere:
Ius nimium dici querimur, passimque sonare
Edicta, & passim vadimonia, cuncta tribunal
Atria possedisse: suis à quercubus actas
Præcipites Dryadas, Faunos, Satyrosque bicornes:
Iudicii vlmicola cespes quas obsidet vmbræ.
Vt meritò Druydes & dici & possit haberi.
Omnia nam resonant istis arbusta cicadis:
Iamque serit lites, qui fruges antè serebat,
Iuridicusque sedet curui moderator aratri:
Qui solitus tardos stimulo terrere iuuencos,
Territate dictu tunicati corda popelli.
Quod facit & sartor, facit & quem subula pascit:
Et veteramentis iam reddit iura relictis.
Et opera pretium cognoscere cœtus eorum
Qui sit, pagus queis arroditur omnis ad ossa.
Ordinis ergo decus princepsque pedaneus ille
Planipes est iudex, aut peronatus arator,
Imperiosus homo lacera tritaque lacerna:
Hos Cincinnatos ab aratro & vomere villa,
Hos & Serranos ad sceptra forensia mittunt:
Iudicio vtque scias nil deesse, vicarius illi
Additur, assessor præsentis: sin fiet absens,
Accipiat solij quem celsum gypsea sedes.
Proximus at sorex fiscalis cognitor is est,
Litigiosus homo controuersusque rapaxque:
Suggerit iste molis fluuium, in viuaria pisces
Et mittit, turdisque dolos & retia tendit:
Et concinnator causarum est atque redemptor.
Officium reliquum est, tineatum cætera turba,
Accensus, præco, sceleratus scriba, viator.
Concilium istud habet pagorum regulus omnis:
Deditur hisque cliens harpyis atque colonus,
Glebæque adscriptus noxæ pœnæque perenni:
Séque negant regnare, suis nisi iurgia sæpè
Indicántque fori, & creber conuentus agatur:
Paganosque sibi mulctent, canibusque propinent:
Sessio cùm venit, si fortè niualibus auris
Horruerit Boreas, populus crepitante molari
Expectat foris in gelida, canáque pruina:
Intereà patres agitant conuiuia læti
Ante focum, decreta parant ad pocula, mulctas
Nondum etiam auditis describunt partibus vllis.
Sic dominis damnare reos sueuere sibique.
His præiudiciis factis consurgitur: itur
A bene curatis, vt ad auditoria ventum est,
Cuia est lis sua iura docet, promitque tabellas:
Sed frustra, prædamnata tam lite meracum
Ad cyathum: arbitrium iudex eructat iniquum
Ebrius atque satur: tum si fors ille queratur
Qui damnatus erit, si quid dolor exprimat amens
Carcere punitur, demissis auribus ergo
Mæstus abit quicumque sapit: nam libera lingua
Est rabulis lucro, dominis malè prouida damno.
Quinetiam eliciunt iras, tristesque dolentum
Irritant vltro voces, & probra lacessunt:
Erumpat si quid, pœna vt mulctaue pietur.
Mussitais, prudens, & prouocet, actaque tollat.
At bene qui scriptum faciunt, & in acta referre
Ista solent, habitant muni as turribus arces,
Aggeribus fossisque natantibus vndique cinctas
Nobilium comites, quibus appellatio sic est
Inuisa, actorumque petitio, si quis vt istud
Postulet, appelletque, aut vapulet, aut natet alto
In vastam præceps deiectus ponte lacunam,
Carceris aut terras cogatur ferre tenebras.
Deinde larem mutare, suoque excedere agello:
Infectum pagi qui sua regem semper haberit.
Ergo paciscendum, atque iniuria dissimulanda:
Et pro supremo sunt conciliabula pagi
Agnoscenda foro miseris, summoque senatu:
Gratia quod nec plus dependant æris, habenda.
Vrbanum vidi locupletem ob prædia ruri
Primori mulcta damnatum prorsus iniqua,
Aurea viginti numerare numismata promptum
Subselli summi patrono vt scanderet arcem
Atque vaderetur procerem, sanctumque senatum
Pro se appellaret: tanti tamen ille negauit
Esse sibi quæstum, vt chirurgum quærere vellet,
Aut tumulum, sapiens, qui vitam prætulit æri.
Ast obeat si quis non ducta vxore, nec vllis,
Si duxit, natis, harpyæ protinus illæ
Vulturisque auidi maleuolis vnguibus omnes,
Creditor id nullus possit licet atque cohæres,
Aduolitant: bona & obsignant, & plurima inun-
cant.
Præpositus præsto est, præstoque vicarius eius,
Et procurator fisci, scriba, atque viator:
Tot pariter pestis populatoresque popelli
Ad prædam accurrunt vna: inuentaria scribunt
Omnibus inuitis hæredibus: optima furtim
Auertunt, comeduntque palàm quamplurima: si
quid
Restat, & illa cohors id mancipat, atque sequestro
Tradit, & hæredi non antè emancipat id, quàm
Omnibus est aurata manus prædonibus: vt se
Emptorem, ast illos hæredes dicere possis.
Commemoro quid plura? dies me solstitialis
Deficeret, quantum scelerata calumnia, iuris
Grassetur specie si dicam, aut scribere coner,
Quæ vicanus agit caligatus cannabe iudex.
Nec tamen est horum mihi pars millesima nota:
Quando nec clamosa sequor fora trico molestus,
Nec sellas obeo patulæ sub tegmine fagi.
Ista lues tabesque virûm per rura forensis
Pérque vrbes serpens, rabiosa canicula quantum
Vitatur, quantum febris quartana, caducus
Et morbus, quantum pestis quæ sæuit in omnes
Eierat & quicumque potest, atque a quia requirit
Iura palatinæ quæ supplex impetrat aulæ,
Concedi veniam priuat qui lege meretur.
Hoc genus antidoti est aduersum hæc dira venena.
In libertatem quare precor assere plebem
Vindicta atque manu, miserè quàm cernis vbique
Afflictam, nexam, addictam, seruamque teneri*

Iudiciis

Iudicis imperio sæuáque tyrannide pressam,
Omnibus atque modis capitis scis esse minuti
His conuenticulis, fas contra humanaque iura.
Retia nam vitare nequit fraudémque sequacem,
Insidiatricem ad vestigia singula semper.
De vectigali quod ager penditque luitque,
De censu, procerum quod ius est, notio sola.
Iudicis accipitris sit oportet ruris alumni:
Atque etiam mulctæ hoc indictio nomine tantum,
Pignoris & capioque, manusque iniectio in aruum:
Vindiciis reliquum nullis nullóque paratum
Iure tenent: id eis dedit vsurpatio tantum
Regibus clusis circunscriptisque: per vnum
Quippe propagata est his iurisdictio censum.
Nobilis an qui possideo per rusicula glebam,
Addictum caput inde meum est & protinus illi?
Emptis atque tribus sulcis ego vænco totus,
Mancipium & fio, dedorque excarnificandus
Pestibus & diris arualibus? vt mala culmos
Non tantùm rubigo petat, sed corpora nostra
Appetat, & steriles nobis dominentur auenæ,
Nos rodant mures, adedant nos gurguliones?
Quem penes imperium regni solijque potestas,
Hunc penes & ditio est iurisdictio solum.
Arrogat hanc si quis, de Maiestate verenda
Principis imminuit, sibi iuraque regia sancit.
Huius origo mali media succreuit ab aula;
Purpureus siquidem segmentatusque potentis
Patricius regis comes & percharus amicus,
Prædia communi dum latique fundia non vult,
Esse tribunali sua quicquam obnoxia, rura,
Vrbes, & vicos, atque oppida: iura migrauit
Publica, & obtinuit fora litigiosa, suis quo
Imperitaret vti dominus, regnaretque vti rex.
Inde tot enati Comitatus atque Ducatus
Vegrandes & degeneres, nimiumque pusilli,
Ambitio titulos sibi dum venatur honoris,
Imperiumque merum petit, & dum iuris habenas.
Vrbibus hinc & agris tot cœtus iudiciales,
Tot præfecturæ, nec-non subsellia iuris.
Nam simul vt fractus patuere repagula claustris,
Ilicet, vt praui docilis natura, decusque
Ambitiosa suum titulis fastisque petessit,
Prodita sectati sunt multi exempla tributim:
Résque adeò redjit, vt qui vix octo quadrantes
Exiget è censu decima de parte miselli
Pagi, quique clientelaria iugera vix ter
Dena suo patrocinio submissa tenebit,
Iura magistratusque habeat, causasque forumque:
Nec modò de censu dici ius imperat idem,
Sed de chirographis, pactis, numisque penuque,
Denique de capite & fortunis omnibus vrget.
Et minimo in nido regum rex esse videtur.
Quid quòd magnorum sibi sumunt præmia regum,
Cum sibi confiscent, inuadantque omne caducum?
An si istud regis ius, & tibi protinus esse
Debet ab exemplo? nec regi excepta potestas
Vlla, nec eximium ius iam seruabitur vllum,
Vt primũ propriumque habeat nil, quin tibi sumas?
Æmulus ac æquare voles fastigia summa?
At nobis vix hæc toleranda in rege videntur.
Quid quòd & hi bona iura iubent, & publica temnunt?
Quid quòd de nihilo mulctant fas iuráque contra
Paruæ curiolæ, rurales atque cathedræ?
Quid quòd legitimis vt agat fora paruula formis
Omnia, ne possit maturè ad iura venire
Quis, tamen efficiunt sua, cum sufflamine tanto,
Tam longáque mora, summi tardata potestas
Iudicij veniat, quæ litem distrahat omnem?
Tot præfecturæ, subsellia totque terenda
Cum sint? scripturæ tot magna volumina habenda?
Tot fasces capsæque, quibus sit mulus onustus?
Totque incerniculis lis sic succreta, bilustri
Tempore vix sancti veniat sub iura Senatus
Ius vbi tam lentè violatis subuenit, illic
Scilicet opprimitur ius, atque iniuria regnat.
Emolumenta etenim sunt præsto, at pœna remota.
Castellana igitur sat erit, sat curia summa,
Hæc duo sufficient prætoria regia nobis
Iudicium reliquum cunctis damnoque maloque est.
Ergo iustitiam si vis reuocare fugatam,
Aurea Saturni per agros si reddere secla,
Vrbes si florere cupis, cupis esse beatas:
Iustitium reliquis æternùm indicito sellis.

SVITE DV DISCOVRS DE L'ABVS DES IVSTICES DE VILLAGE.

Traictant de la manutention des Iustices Seigneuriales legitimement introduites.

SI ne faut-il pas faire comme les mauuais Chirurgiens, qui ne peuuent retrancher la chair morte, sans anticiper sur la viue. Il faut couper seulement ce qui est corrompu, & conseruer entierement ce qui est sain. Gardons nous de tomber d'vne extremité en l'autre.

Dum vitant stulti, vitia in contraria currunt.

Pourtant si i'ay écrit, que la plusspart des Iustices de Village estoient abusiues, il ne s'ensuit pas que toutes les Iustices seigneuriales le soient: mais comme i'ay dit, qu'il sera bon de retrancher celles qui sont abusiues, aussi i'entends, qu'il faut conseruer celles qui sont legitimement introduites. Celles qui ne sont fondées que sur l'vsurpation, n'ayant esté ny concedées ny confirmées par le Roy, sont sans doute abusiues: mais de douter que celles qui ont esté establies par le Roy soient legitimes, ce seroit douter de sa puissance.

Et bien que la plusspart d'icelles semblent auoir commencé par vsurpation, lors qu'és changemens vniuersels de la France, les Ducs & les Comtes gagnerent la proprieté de leurs charges: De mesme sorte que la bonne fortune du Maire du Palais (qui estoit le Duc des Ducs, dit du Tillet) luy donna la seigneurie de tout le Royaume: si est-ce qu'au mesme temps ces Seigneurs furent confirmez par le Roy en leurs Iustices & seigneuries, à la charge de les tenir en fief de sa Majesté, qu'ils s'obligerent par ce moyen d'assister & seruir: d'où il s'ensuiuit qu'en peu de temps ils luy moyennerent vn establissement du tout legitime par le consentement vniuersel de son peuple. Et desormais les grands Seigneurs continuans à seruir le Roy & combattre pour la Couronne, & le Roy reciproquement à les maintenir & conseruer en leurs droicts & seigneuries, cette liaison & correspondance a maintenu ce Royaume en sa protection, par tant de siecles, & le maintiendra, Dieu aidant, eternellement.

Belle inuention certes des Peuples Septentrionaux, qui par cette mutuelle obligation, qu'ils appellerent *fief*, à cause de la foy mere des contracts & fondement de Iustice, lians d'vn nœud indissoluble les Seigneurs auec les Princes, s'establirent adroitement dans les pays qu'ils auoient heureusement conquis.

Et cet vsage d'infeoder les droicts & domaines de la Couronne, pour gratifier ou recompenser les personnages de grand merite, a duré iusqu'à nostre temps, qu'elle a esté retranchée par l'Ordonnance de l'an 1566. Possible bien à propos, pour euiter les desordres trop communs en ce siecle. Et toutefois l'éuenement a monstré que l'autre ouuerture d'engager le domaine à faculté de rachat, introduite par cette mesme Ordonnance, a esté plus prejudiciable à l'Estat que n'estoit l'infeodation gratuite, dautant qu'on est toûjours plus retenu de donner que de vendre: qui estoit la consideration des Romains, quand ils permettoient aux femmes de donner, & non de répondre, & de consentir la vente absoluë de leur fonds dotal, & non le simple engagement.

Reuenant donc à nos Iustices, ie dis (auec du Tillet au Chap. du Connestable & Maréchal de France) que toutes Iustices appartiennent au Roy, les vnes en pleine proprieté, qui s'exercent en son nom, & les autres en seigneurie directe seulement, qui s'exercent au nom des Seigneurs qui en sont vrais Proprietaires & Seig. vtiles, à titre de fief, les releuant & rachetāt du Roy, qui partant en eſt l'autheur & le garant, & tenu de les maintenir: d'où il s'enſuit bien que ſes Officiers ne les peuuent ny doiuent affoiblir ou diminuer.

Neantmoins comme entre tous les animaux les grands mangent les petits, auſſi non ſeulement entre les hommes, mais encore entre ceux de Iuſtice, cette meſme iniuſtice s'exerce de tout temps. Car les Officiers Royaux ayans cet aduantage ſur les ſubalternes, d'eſtre leurs ſuperieurs, les ont touſiours voulu reduire à ſi petit pied, qui ſi les Parlemens ſuperieurs de tous, & établis principalement pour tenir en deuoir les Iuges des Prouinces, n'euſſent quelquefois pris la protection des Iuſtices ſeigneuriales, rendant à chacune Iuſtice ce qui luy appartient, qui eſt l'vnique fin, meſme la definition & la nature de la Iuſtice, il y a long-temps que les Seigneurs euſſent eſté dépoüillez de leurs Iuſtices.

Ce n'eſt pas moy qui fais cette plainte, c'eſt ce grand Illuſtrateur de noſtre Droict François du Molin, diſant ſur l'apoſtille de l'art. 81. de la Couſtume d'Anjou, que les Officiers Royaux taſchent d'attirer tout à eux ſous quelque petit pretexte, ou occaſion colorée que ce ſoit, ainſi que faiſoient ceux de la Cour d'Egliſe auparauant l'Ordonnance de 1539.

Leur principale & plus importante entrepriſe eſt, touchant la preuention qu'ils pretendent auoir en toutes cauſes ſur les Iuſtices ſeigneuriales. Laquelle ils fondent ſur ce qu'ils diſent n'eſtre pas à preſumer que le Roy concedant aux Seigneurs la Iuſtice de leur territoire s'en ſoit voulu dépoüiller tout à fait: au contraire eſtre à croire qu'il n'a point concedé tant de puiſſance à ſes vaſſaux que luy, auquel appartient inſeparablement la Iuſtice vniuerſelle de ſon Royaume, qu'il ne s'en ſoit reſerué dauantage.

Ils adiouſtent, que par la diſpoſition du Droict Romain, les Iuſtices ſuperieures & generales ont preuention ſur les inferieures & particulieres, ce qu'ils pretendent prouuer par la loy 1. *C. de Offic. Praef. vrbi*, où l'Empereur reglant le Preuoſt de la Ville auec le Preuoſt des viures, ordonnent qu'ils connoiſtront concurremment de la police des viures, *ne Praefectus vrbi abrogatum ſibi aliquid putet, & viciſſim ne lateat Officium annonariae praefectura: Ita vt inferior poteſtas meritum ſuperioris agnoſcat, atque ità ſuperior ſe exerat, vt ſciat quid inferiori debeatur.*

Ils alleguent encore la loy *Iudicium. D. De Iudicijs. Iudicium ſoluitur vetante eo, qui maius Imperium in eadem Iuriſdictione habet.* A quoy ils adiouſtent pour argument *à ſimili* la Loy *Quoties D. De adminiſt. tut.* où il eſt dit que *Tutor tenetur de incremento patrimonij, licet ad illud incrementum datus fuerit ſpecialis curator.* Et voilà toutes leurs allegations, outre l'opinion de quelques Docteurs vltramontains, ignorans l'vſage de France, & reſidans aux lieux, où autre que le Souuerain n'a Iuſtice.

Mais il eſt aiſé à verifier le contraire, & par le Droict Romain, & par le Droict Canon, & par la raiſon, & par la ſuite du Droict François, & par les Ordonnaces de nos Rois, & par la deciſion de toutes nos Couſtumes, & ie ne croy pas qu'il y ait aucun article du Droict François plus clair & plus indubitable.

Quant au droit Romain, encore qu'il n'y ſoit point decidé, que les Magiſtrats euſſent preuention ſur les Iuges Pedanées, ſi eſt-ce que quand ainſi ſeroit, il ne le faudroit trouuer étrange, dautant que les Iuges Pedanées n'eſtoient point Officiers, mais perſonnes priuées ſur leſquelles les Magiſtrats (à qui la connoiſſance des cauſes legeres appartenoit, auſſi bien que les grandes) ſe déchargeoient des cauſes legeres, de ſorte que la Loy dit que *alienam tantùm Iuriſdictionem exercebant, nec quicquam proſuo imperio agebant.* C'eſt pourquoy les Docteurs modernes ont retranché la rubrique *de Iuriſdictione*, où les anciens Interpretes auoient adiouſté, *omnium iudicum*, pour ce que *reuerà Iuriſdictio non erat Iudicum, ſed Magiſtratuum.*

Neantmoins c'eſt choſe notable que Iuſtinian apres auoir erigé les Iuges Pedanées en titre d'Office par la Nou. 82. defendit par la Nou. 15. de plaider deuant les Preſidens des Prouinces, de ce qui eſtoit de leur Iuriſdiction, *Non valentibus noſtris ſubiectis trahere ſibi obligatos ad clariſſimos Prouinciarum Praeſides, ſi infra praedictam ſummam trecentorum ſolidorum lis conſiſtat.* Et pource qu'il conſideroit que les Iuges inferieurs ne ſeroient pas ſuffiſans pour maintenir d'eux-meſmes leur Iuſtice à l'encontre de leurs ſuperieurs, *adiecit ſanctionem, vt qui dolo malo plus petiiſſet, vt cauſam ad Praeſidem traheret, litem amitteret, reuocata in eo articulo plus petentium veteri poena.*

Voilà donc la deciſion toute formelle du Droict Romain, qui exclud la preuention. Et n'eſt contraire la Loy 1. *De Offic. Praef. vrbi.* Car c'eſt vn Reglement particulier entre deux Officiers dont on ne peut tirer de regle generale: de meſme qu'en France, encore qu'il y ait vne Ordonnance, que les Iuges Royaux connoiſtront par preuention des cas attribuez aux Preuoſts des Maréchaux, & que les Baillifs auront preuention ſur les Preuoſts Royaux en matiere de complainte, il ne s'enſuit pas que les Iuges Royaux ayent preuention regulierement les vns ſur les autres.

Et quant à la Loy *Iudicium*, il la faut entendre ſelon ſes propres termes, *De eo qui maius Imperium in eadem iuriſdictione habet, non in eadem prouincia.* C'eſt à dire que le Proconſul ou Preſident de Prouince peut defendre à vn Iuge delegué par ſon Lieutenant de paſſer outre au iugement du procez : retenant la difference qu'il y a, *Inter ius dicentem, Iudicem : & vicissim inter iurisdictionem, & iudicium* : à sçauoir que, *Ius dicens est Magistratus, qui pro tribunali sedet & praeest iurisdictioni, habetque potestatem à publico introductam, iuris dicendi & æquitatis statuendæ. Iudex autem est, qui habet potestatem iudicandi, à ius dicente, id est Magistratu delegatam.*

Finalement, pour le regard de la Loy *Quoties*, elle ne regarde en aucune façon les preuentions : & la raison de difference est dans son texte, *quia omnis vtilitas pupilli ad tutorem pertinet, atqui* toute la Iustice primitiue, *non pertinet* au Iuge superieur, mais seulement le cas de ressort.

Quant au Droict Canon, il est certain que les Archeuesques, Primats & Patriarches n'ont point de preuention sur les Euesques de leurs Prouinces, bien qu'ils soient appellez leurs suffragans c'est la decision expresse du can. *Nullus Primas*, & du can. *Conquestus* 9. *quæst*. 3. Et bien que l'Archidiacre soit le Vicaire de l'Euesque, *cap. 1. ext. De Offic. Archid.* Et que sa jurisdiction soit demembrée & vsurpée de celle de l'Euesque, n'estant anciennement qu'vn mesme auditoire, comme celuy d'vn Bailly & de son Lieutenant, & encore bien que l'Euesque soit appellé, *Ordinarius totius diœcesis* : si est-ce que la glos. sur le ch. *Pastoralis ext. De Offic. Ordin.* prouue bien que l'Euesque n'a point de preuention sur les sujets de l'Archidiacre ayant iustice. Et pour le regard du Pape, encore qu'on luy ait enfin passé ce titre, *Ordinarius Ordinariorum*, tant concerté dans les Conciles, en consequence duquel il jouyt de la preuention sur les Ordinaires en la collation des Benefices, si est-ce qu'il n'entreprend pas la preuention en la Iurisdiction contentieuse. Car comme dit S. Gregoire Pape en ses Epistres, *Si sua vnicuique Episcopo iurisdictio non seruetur, quid aliud agitur, nisi vt per nos, per quos Ecclesiasticus ordo custodiri debet, confundatur?*

De mesme nous voyons en la Iurisdiction seculiere de France, que les Baillifs, bien qu'ils se qualifient Iuges de Prouinces, n'ont pas toutefois la preuention sur les Preuosts Royaux, ni le Parlement sur les Iuges des Prouinces : mais comme disent les Canonistes, *gradatim proceditur in causis* : ce qui ne seroit pas, s'il estoit ainsi, que les Baillifs Royaux fussent Iuges ordinaires de toute la Prouince, & que les superieurs eussent preuention sur les inferieurs.

Et toutefois c'est sans doute, qu'il y auroit beaucoup plus d'apparence que les Baillifs eussent preuention sur les Preuosts Royaux, que non pas sur les Iuges des Seigneurs, desquels les Iustices sont patrimoniales, & dont celuy auquel elles appartiennent, se peut dire Seigneur, tout ainsi que de son patrimoine & heritage. C'est ce que dit fort bien Ioan. Faber *Institu. De Attili. tut prin.* traitant de cette mesme question de preuention, & apres auoir resolu hardiment & absolument qu'elle ne doit auoir lieu : *nec obstat*, dit. il, *l. 1. C. de Offi. Præf. vrbi ; quia loquitur in locis, vbi iurisdictio pertinebat ad vnum solum, puta ad Imperatorem, nec erat alterius propria : Hîc autem est propria Baronum*, & sur cette mesme consideration est fondée la Declaration de l'an 1536. sur l'Edict de Cremieu, qui sera rapportée cy-apres. Ce qui sert de réponse aux opinions des Docteurs vltramontains.

Aussi le Roy ayant concedé aux Seigneurs la Iustice à titre de fief, qui est vn titre onereux & obligatoire de part & d'autre, qui mesme a tiré son nom de la foy il s'est sans doute dépoüillé tout à fait de la Seigneurie vtile d'icelles Iustices, tout ainsi que d'vn heritage feodal, n'y ayant plus rien que l'hommage. Et comme il ne se peut pas faire que deux soient Seigneurs solidairement & entierement d'vn heritage : aussi ne se peut-il faire que la Iustice ordinaire & primitiue d'vn territoire soit solidairement à deux.

Il est bien veritable (pour répondre à la premiere raison des Officiers Royaux) que le Roy n'aliene pas tellement les Iustices, qu'il ne retienne la superiorité, qui est le ressort d'icelle : & encore qu'il ne retienne la Iustice, Police, & authorité vniuerselle, qui luy appartient inseparablement comme Roy par tout son Royaume, & sur tous les suiets d'iceluy : c'est pourquoy il peut interdire tous Iuges, euoquer tous procez par sa pleine puissance & authorité Royale, qui estant souueraine ne reçoit point de bornes : mais cette puissance souueraine & extraordinaire reside en sa seule personne, & n'est pas communicable à ses Officiers, ausquels il ne communique que la puissance ordinaire & reglée.

Cette Iustice vniuerselle est toute telle, que la Seigneurie vniuerselle que le Roy a sur tous les biens de ses sujets, de laquelle parlant Seneque, il dit que *Principis omnia sunt imperio, non dominio.* Comme donc en consequence de cette Seigneurie vniuerselle, le Roy ne pretend pas cueillir par preuention les fruits des heritages de ses sujets : aussi en vertu de cette Iustice vniuerselle, il n'entend pas exercer la Iustice primitiue de ses sujets, *quæ est in fructu.*

Finalement, puis que *in toto Iure generi per speciem derogatur*, ce qui est dit particulierement, *in materia Iurisdictionis, in cap. Pastoralis : in fin. ext. De rescriptis* : Il s'ensuit que le Roy ayant concedé vne Iustice & vn territoire special aux Seigneurs, il a separé & demembré tout à fait ce territoire de la Iustice primitiue de sa Prouince.

Mais il ne faut plus hesiter en cette question : car il n'y en eut iamais de decidée par tant d'Ordonnances, y en ayant neuf ou dix faites tout exprés. A sçauoir celle de saint Louis en l'an 1254. de Philippes le Bel en l'an 1302. de Philippes de Valois en l'an 1338. du Roy Iean en l'an 1355. de Charles V. en l'an 1357. de Charles VI. en l'an 1408. de Charles VII. en l'an 1443. de Charles VIII. en l'an 1490. & de François I. en l'an 1538. toutes lesquelles Ordõnances defendent expressément aux Baillifs & Senéchaux d'entreprẽdre aucune Iurisdiction és terres des Barons & Seigneurs hauts Iusticiers, fors seulement és cas Royaux, & de ressort.

Ie raporteray seulement le texte de l'Ordonnance de Charles V. Pour ce que plusieurs „de nos Officiers se sont meslez d'attribuer à eux la Iurisdiction des Seigneurs & Iuges ordi„naires, dont le peuple est moult greué; Nous qui desirons que chacun vse de son droict, Iu„stice, & Iurisdiction, ordonnons que toutes Iustices soient laissées aux Iuges ordinaires, & „à chacun singulierement sa Iurisdiction : sans que nos Baillifs, Preuosts, & autres nos Iusti„ciers les puissent traire pardeuant eux, sinon que ce fust en pur cas de ressort & souuerai„neté seulement. Ordonnance notable en ce qu'elle qualifie les Iuges des Seigneurs Iuges ordinaires à l'exclusion des Iuges Royaux superieurs, & qu'elle n'excepte pas mesme les cas Royaux.

Et neantmoins du temps de ces anciennes Ordonnances, il y auoit bien plus de suiet d'authoriser la preuention Royale, qu'il n'y a maintenant. Car lors les Ducs & les Comtes tenoient la Iustice primitiue presque de toute la France, n'y ayant en tout que quatre Bailliages, & autant de Senéchaussées Royales en France, de sorte qu'il y auoit grande apparence d'attribuer preuention aux Officiers du Roy, afin de maintenir son autorité par tout son Royaume, & empescher que les Seigneurs vsurpassent tout à fait la Souueraineté, comme ils ont fait en Italie & en Allemagne, ce qui n'est plus à craindre maintenant.

Aussi, bien qu'en la plusꝑart des Coustumes lors de la reformation d'icelles, les Officiers Royaux ayent mis en auant la preuention, si est-ce que presque par tout elle leur a esté absolument deniée : & c'est chose notable qu'il ne se trouuera point qu'en vne seule Coustume de toute la France, elle soit passée sans contredit.

Il est bien vray que comme les Officiers Royaux d'vne Prouince, assistez de Praticiens de leur Siege, dominent volontiers & font passer tout ce qu'ils veulent en telles assemblées, ils ont obtenu par brigues & menées en quelques Coustumes deux sortes de preuention. L'vne absoluë & sans renuoy, qui n'est passée qu'en trois ou quatre Coustumes au plus du costé de Picardie : & il y a tousiours eu empeschement, opposition, ou appel des Seigneurs hauts Iusticiers, ce qui retient encore en ces lieux-là, cette preuention litigieuse & indecise.

L'autre est la preuention simple & la charge du renuoy qui a lieu és Coustumes d'Anjou, Poictou & le Maine, qui portent que le Iuge Royal superieur peut bien preuenir pour faire adjourner deuant luy les sujets du haut Iusticier, mais qu'il est tenu les renuoyer, s'il les aduouë & vendique.

Qui est vn expedient subtil que les Iuges Royaux ne pouuans obtenir la preuention absoluë contraire directement aux Ordonnances, ont trouué pour empieter tousiours tant qu'ils pourroient sur les Iustices des Seigneurs : sous pretexte qu'ils ont mis en auant, que tous François sont naturellement sujets de la Iustice du Roy, & ne s'en peuuent exempter de leur chef, s'ils ne sont vendiquez par leurs Seigneurs, ausquels & en leur seule faueur, disent-ils, les Iustices ont esté concedées.

Discours plus specieux que veritable. Car il est bien vray que tous François sont sujets de la Iustice vniuerselle du Roy, qui est inseparable de sa Souueraineté, comme nous auons dit cy-dessus, & originairement estoient sujets de sa Iustice primitiue, pource que toutes Iustices viennent de luy; mais les ayant alienées, elles ne sont plus à luy : & de dire que la concession qu'il en a faite n'est qu'en faueur des Seigneurs, aussi est-ce leur faire tort que de leur donner cette trauerse, qu'il faille à chaque cause aller aduoüer leurs vassaux : & d'ailleurs puisque que la Iustice est deuë sur le lieu au peuple, c'est luy faire tort de l'attirer à plaider au loin, & il est à presupposer que le Roy auroit des Iuges sur le lieu, s'il n'en auoit donné la Iustice aux Seigneurs.

Neantmoins comme les Superieurs ont beaucoup d'auantage sur leurs inferieurs, les Iuges Royaux ont si bien maintenu leur possession de ces preuentions simples, qu'elles sont tournées en droict commun & vsage ordinaire, presque par toute la France; de sorte qu'on tient encore maintenant plûtost par routine que par raison, que le Iuge Royal superieur est competant iusques à ce que le renuoy soit demandé : Lequel renuoy est lors octroyé sans dépens : mesme on tient qu'il doit estre demandé par le Seigneur, & non par son Iusticiable, si ce n'est en pays de Droict écrit, ou en action reelle, ou en criminel : encore quelques-vns tiennent qu'il le faut demander deuant contestation. Et toutefois cette pratique est directement contraire aux Ordonnances cy-dessus alleguées, qui defendent par mots exprés de traire, disent elles, les Iusticiables des Seigneurs pardeuant les Iuges Royaux, fors és cas Royaux, & de pur ressort

Neantmoins du temps de ces Ordonnances cette pratique estoit beaucoup plus plausible & tolerable qu'à present, afin que les François se souuinssent qu'ils estoient vrais & naturels sujets du Roy; & partant tenus de requerir obeyssance (ainsi est appellé le renuoy en plusieurs Coustumes) à ses Iuges : mais aujourd'huy qu'il n'y a plus de sujet de craindre que les François reconnoissent leurs Seigneurs pour Souuerains, que sert cette vieille routine, sinon d'vne attrappe pratique, si les Seigneurs sont negligens de requerir le renuoy : & vne tire-laisse, s'ils en sont soigneux? Quelle honte est ce que les Iuges de Prouince, pour courir pratique, promenent & traduisent ainsi ça & là, les pauures plaideurs, comme joüans d'eux à la pelote, & qu'ils les attirent loin de leur demeure, souuent en vne cause de neant, pour n'y faire autre chose, sinon de demander congé de s'en retourner, ce qu'ils ne leur peuuent dénier?

An ideo tantum venerant, vt exirent?

Est-ce pas proprement, *Illudere vitas alienas?* comme dit Iustin. en la Nou. 53. parlant de ceux qui *nolunt in partibus eligere Iudices, & ibi litigare.*

Mais encore sur ce suiet il se fait vne infinité de chicaneries & friponneries honteuses. Car les Procureurs des sieges Royaux, sont si bien faits à ces attrapoires de pratique, qu'il ne s'en trouuera pas vn seul qui vueille demander vn renuoy, si le Seigneur n'y est present : encore s'il y est present, ils feront qu'on n'appellera point la cause : & si on est forcé de l'appeller, le Iuge fera la sourde oreille au renuoy demandé, & le Greffier n'en écrira rien, ou bien on trouuera quelque échapatoire pour differer, ou quelque pretexte pour retenir la cause à tort ou à droit : on passera hardiment outre, nonobstant l'appel d'incompetence, comme par main superieure ; & afin, dira le Iuge, que pendant la contention des deux Iustices, la Iustice ne soit differée aux parties: de sorte qu'il faudroit que les Seigneurs entreprissent autant de procez, comme il y a de causes en leurs Iustices.

Le meilleur remede qu'ils y puissent apporter, c'est de chastier par amendes leurs iusticiables qui attirent les autres ailleurs. Encore ce remede n'a-il lieu que contre leurs justiciables, à l'égard desquels ie n'y trouue nulle difficulté, puis que la Loy dit que, *modica coërcitione licet Iurisdictionem suam tueri.* Que si le vassal d'vn Seigneur aduoüant le Roy, confisque son fief: le Iusticiable qui est plus proprement appellé sujet que le vassal, distrayant la Iustice de son Seigneur, ne peut moins que d'estre condamné à l'amande, qui est moindre peine que la perte de cause ordonnée en ce cas par la Nou. 15. de Iustinian.

Il y a encore vne autre absurdité & iniustice aux preuentions, qui est de grande consequence: c'est que si elles auoient lieu, vn demandeur auroit cet aduantage de choisir tel Iuge qu'il luy plairoit & qu'il estimeroit luy estre plus fauorable : & ce au preiudice du pauure defendeur, qui selon la regle de droit doit estre plustost supporté & fauorisé. Auantage qui n'est pas moindre en Iustice, que d'auoir le choix des armes en duel, principalement en ce temps, que les Iuges ayans acheté leurs Offices bien cher recherchent tous moyens de les faire valoir : c'est pourquoy il y en a beaucoup qui sont trop enclins à fauoriser ceux qui leur amenent l'eau, comme on dit, au moulin, & plusieurs mesme, qui se rendent selon les occurrences, ou plus rigoureux, ou plus faciles & accessibles que de raison, afin d'attirer pratique.

Conclusion que le Droict Romain, le Droict Canon, les Ordonnances de France, les Coustumes des Prouinces, la suite du Droict François, la raison & poinct de Iustice, & finalement le bien public resistent directement aux preuentions. C'est pourquoy il n'en faut plus faire de doute, mais faut tenir suiuant les Ordõnances toutes formelles, que les Iuges Royaux ne peuuent auoir Iurisdiction sur les Iusticiables des Seigneurs qu'en deux cas ; c'est à sçauoir au cas de ressort & aux cas Royaux : c'est pourquoy aussi ils ont tasché par plusieurs artifices & subtilitez d'étendre ces deux exceptions presque à toutes causes.

Premierement au cas de ressort, ils se sont fait accroire, que quiconque auoit vne fois appellé du Iuge subalterne, estoit desormais exempt de sa Iustice pour toute sa vie : & fondoient cette exemption, sur le chapitre *ad hæc*, & le chapitre *Proposuit. ext. De appellat.* où il est dit, que le Iuge dont y a appel, peut estre recusé en autres causes, comme suspect : encore qu'il y ait bien de la difference entre l'exemption de la Iustice & la recusation du Iuge, & n'y a aucun texte au Droict Canon qui decide que celuy qui a appellé de son Euesque, soit desormais exempt de sa Iustice.

Mais la decision ciuile tranche que l'appel ne peut pas seulement produire vne cause de recusation valable contre le Iuge. Témoin la Rubrique, *Apud eum à quo quis appellauit, aliam causam agere compellendum*, où la Loy 1. en rend la raison. *Nec vtetur, qui appellauit, hoc pretextu, quasi ad offensum Iudicem non debeat experiri, cum possit denuò prouocare.* Aussi les Iuges Royaux ne pratiquoient ces exemptions par appel, sinon à leur profit, & à l'égard des Iustices subalternes seulement : mais eux-mesmes ne permettoient pas que leurs superieurs les pratiquassent à l'encontre d'eux, comme il se void dans Bouteiller, & és Coustumes d'Anjou & du Maine.

Et certainement ce pretexte estoit non seulement plausible, mais presque necessaire, lors que les bonnes Villes estoient possedées par les Ducs & les Comtes, qui taschans d'vsurper la Souueraineté de leurs Prouinces, mal-traitoient & faisoient des iniustices à ceux qui appelloient de leurs Iuges : & partant il estoit tres-expedient que le Roy les prist desormais en sa sauue-garde : De fait, par telles voyes les grands Seigneurs empeschoient tellement les appellations, que le Parlement bien que seul lors pour toute la France, & n'ayant qu'vne chambre, ne s'assembloit toutefois que trois ou quatre fois l'an.

Que si en ce temps là mesme les exemptions par appel furent trouuées iniustes, témoin les Ordonnances, qui pour les abolir, ne reseruent aux Iuges Royaux, que les cas de pur ressort (mots qui apparemment excluënt l'exemption par appel) qu'en doit on dire aujourd'huy, que les appellations sont venuës en style si commun qu'on y est tout accoustumé, & n'y a plus ny Seigneur ny Iuge qui s'en offense ; de sorte qu'il y a sept Parlemens en France pour vuider les appellations : & en tel Parlement il y a sept Chambres qui y trauaillent toute l'année. Aussi les exemptions par appel sont-elles maintenant hors d'vsage par toute la France, fors en Anjou & au Maine, & en vne ou deux Coustumes de Picardie, où encore elles ne sont pas pratiquées à la rigueur.

Il est vray que quelques Iuges Royaux voulans retenir vn reste de ces exemptions par appel, font métier & marchandise, sur le moindre appel interjeté deuant eux, fust ce d'vn appointement en droict, ou d'vne forclusion ou brief delay, ou d'vn appel du dernier appointement interjetté seulement pour fuir, de retenir, mesme d'euoquer à eux le principal de la matiere : iusques-là qu'ils pretendent que depuis qu'ils ont oüy parler du moindre incident d'vn procez, jamais le procez ne doit retourner deuant les Iuges ordinaires, & font pratiquer aux plaideurs ce que dit le Renard d'Horace au Lion, *Omnia te aduersum vestigia, nulla retrorsum.*

Qui est entreprendre dauantage que ne fait le Parlement, bien qu'il exerce la Iustice Souueraine vniuerselle du Roy qu'il represente : & neantmoins il se contente ordinairement de vuider l'article d'appel, sans euoquer ni retenir le principal, si ce n'est pour le vuider sur le champ au soulagement des parties, ou en autres certains cas, qui par les Ordonnances sont laissez à sa religion : mais quant aux Presidiaux cela leur est entierement defendu sans aucune exception, notamment par l'Ordonnance de Blois articles 148. & 179. qui leur enjoint de vuider seulement l'article d'appel & renuoyer le principal au Siege ordinaire. Qui plus est, mesme elle leur enjoint par exprés d'y renuoyer l'execution de leurs jugemens, soit que la Sentence soit confirmée ou infirmée, & ce sur peine, dit l'article 179. de nullité des procedures & de tous dépens dommages & interests des parties.

Qui est la mesme chose en effet, qui est contenuë aux anciennes Ordonnances, qui ne leur laissoient que le cas de pur ressort, c'est à dire, le seul article de l'appel : car appel & ressort sont synonymes, d'où il resulte que la connoissance des decrets & oppositions formées sur les executions & saisies, & autres semblables differends suruenans en execution des Sentences des Iuges Royaux, doiuent estre vuidées en la Iustice ordinaire. Ce ne sont pas cas de pur ressort, attendu que le cas de ressort, c'est à dire, l'appel est vuidé : l'appel dis je, auquel residoit l'effet deuolutif & suspensif ; c'est à dire, qui deuoluoit la cause au Superieur, & qui suspendoit l'execution de la Sentence du Iuge ordinaire.

Aussi la forme de prononcer sur l'appel n'est pas de condamner de nouueau celuy qui a déja esté condamné par le premier Iuge, mais seulement de dire que la Sentence dont estoit appel, sera executée & sortira son effet. Doù il s'ensuit que quand par apres on fait l'execution, c'est cette Sentence-là, non celle du Superieur, qu'on execute, & neantmoins on se sert volontiers des deux ensemble, pour montrer que l'obstacle d'appel, qui empeschoit l'execution de la premiere Sentence, est leué & osté. C'est ce qu'on dit en pratique : *Agitur ex confirmato, non ex est confirmante* : Et de fait, il est sans doute que l'hypotheque attribuée aux jugemens par l'Ordonnance de Moulins, commence & se compte du iour de la premiere Sentence, & non de la confirmatiue seulement, comme il est contenu en la Declaration du mois de Iuillet 1566. & que les saisies & executions faites auparauant l'appel, reprennent leur force apres le jugement confirmatif.

Et sans doute c'est ainsi qu'il faut entendre le dire de *Ioan. Faber in leg. Etsi Cod. Si contra ius vel vtil. pub.* Que chaque Iuge doit executer sa Sentence. Il est vray que comme porte l'Ordonnance de Blois, quand il est question de l'interpretation d'vn jugement, il faut plaider deuant le Iuge qui l'a donné, *quia eius est interpretari mentem suam*, *qui obscurè verba fecit*, dit la regle de Droict, mais quand il s'agit d'vn decret ou d'vne opposition faite en vertu d'vne Sentence, cela ne regarde plus le different déja jugé par icelle, mais c'est vn procez tout nouueau, qui partant concerne la Iurisdiction ordinaire.

C'est ainsi pareillement qu'il faut entendre l'Arrest du Parlement de Paris du 27. Nouembre 1598. contenant le Reglement des decrets : en ce qu'il porte que les criées commencées en vertu des Contracts, seront poursuiuies deuant le Iuge ordinaire du domicile du debiteur, & ceux qui se feront en vertu des Sentences seront poursuiuies deuant le Iuge dont les Sentences sont émanées. Ce qu'il faut entendre, comme i'ay dit, de la Sentence confirmée non de la confirmante, puisque l'Ordonnance de Blois attribuë expressement aux Iuges ordinaires toutes executions des Sentences de leurs Superieurs, soit qu'ils ayent confirmé, ou infirmé la leur.

Et ne sert rien de dire que par ce mesme Reglement la Cour s'est reserué les decrets faits en execution de ses Arrests. Car, comme ie viens de dire, elle est Souueraine, & en elle reside la Iustice vniuerselle du Roy, *Estque velut ordinaria ordinariorum.* Comme telle, elle retient & renuoye ce qui luy plaist, ainsi que le Roy qui parle en ses Arrests, qui est vne authorité que n'ont pas les Iuges Presidiaux, lesquels ne doiuent pas se comparer à la Cour. Autrement ce seroit la comparaison du rustique de Virgile,

Vrbem, quam dicunt Romam, Melibœe, putaui
Stultus ego huic nostræ similem.

Mais l'Ordonnance de Blois a passé encore plus auant, & pour le soulagement du peuple, a retranché le pouuoir des Iuges Superieurs, mesme en ce qui est du pur ressort. Car par l'article 168. d'icelle, il leur est enjoint de commettre le Iuge du lieu, pour l'instruction qu'il faut faire sur le lieu és procez pendans pardeuant eux, sans qu'ils puissent refuser telles commissions. Ce qui est mesme ordonné pour les executions d'Arrests & instruction des procez pendans au Parlement par l'article 151. de cette Ordonnance, & l'article 46. de l'Ordonnance d'Orleans; lesquelles deux Ordonnances montrent bien que c'est vn erreur en pratique, de dire que la Cour n'addresse jamais ses commissions aux Iuges non Royaux. Routine neantmoins qui est si inueterée en la ceruelle des anciens Praticiens du Palais, qui s'attachent à leurs vieux formulaires & protocoles; qu'encore aujourd'huy il y a des Procureurs & des Clercs du Greffe qui en font difficulté, ne sçachant pas ces Ordonnances.

Voilà pour les cas de ressort: mais au regard des cas Royaux, les entreprises y sont bien plus frequentes & en plus grand nombre. Car n'ayant jamais esté specifiez ny arrestez nettement par aucune Ordonnance, on en a fait vne idée de Platon, propre à receuoir toutes formes, & vn passe-par-tout de pratique: verifiant le dire du Poëte, *An nescis longas Regebus esse manus?* Aussi veritablement c'est vne bonne couuerture que le manteau Royal.

Or à bien entendre, les cas Royaux sont ceux seulement esquels le Roy a interest, pour la conseruation de ses droicts, ou de la manutention de son authorité: & dautant qu'il n'est pas raisonnable que sa Majesté déduise cét interest deuant les Iuges de ses Sujets, & qu'il leur demande Iustice; à bon droit on obserue que telles causes soient seulement traitées aux Iustices Royales, & voilà sans doute la vraye origine & la cause formelle des cas Royaux.

Voicy donc les vrais cas Royaux. Le crime de leze-Majesté humaine en tous chefs & auec toutes ses branches & dependances: l'infraction de sauue-garde, passe-port, ou sauf-conduit du Roy, & des Officiers de la Couronne, chacun au fait de sa charge, le tort fait aux Officiers de la Maison du Roy, ou de sa gendarmerie, & tous allans & venans pour le seruice de sa Majesté, mesme à tous Officiers Royaux faisans leur charge: La connoissance de tous droicts, biens & deniers Royaux, & tout ce qui en dépend (& sous cét article sont fondées les Iustices des Elections, Eaux & Forests, & Greniers à Sel dans les terres des hauts Iusticiers) l'assemblée illicite & port d'armes tendans à guerre, trouble, ou sedition: La fabrication de la Monnoye, soit bonne ou mauuaise, contre le forgeurs seulement, & non contre les simples expositeurs, qui sont plustost larrons que faux-monnoyeurs: Les causes concernantes les Offices Royaux, & les delits commis par les Officiers Royaux au fait de leurs Offices: Les causes des Eglises Cathedrales, & autres estans de fondation Royale & par exprés priuilegiées: Celles des Commensaux du Roy & des Princes priuilegiez & autres personnes, qui ont leurs causes commises aux Requestes du Palais par ancien Priuilege, posé qu'ils s'en vueillent seruir: L'execution des mandemens & commissions du Grand Seau, portans dons, remissions, dispenses, priuileges & autres dispositions, qui dependent simplement de la pleine puissance & authorité Royale: Bref, tout ce qui depend des droits Royaux & de Souueraineté.

En quoy il faut bien prendre garde de ne confondre pas l'interest du Roy, qui est le fondement des cas Royaux, auec l'interest public ou de Iustice, qui de necessité depend & est annexé à la haute Iustice, & duquel la poursuite appartient au Procureur d'Office ou fiscal, c'est à dire, public, qui, à bien entendre, a deux charges: l'vne de poursuiure les droicts du Seigneur: l'autre & la principale de promouuoir l'interest public ou de Iustice, soit en la punition des crimes, soit en la police, soit en toutes occurrences.

I'ay dit, & il est vray, que les cas Royaux ne sont point nettement specifiez par aucune Ordonnance generale: il est bien vray, que les lettres du premier appanage d'Anjou & du Maine, lors qu'il fut concedé par le Roy Saint Louys à Charles son frere, données à Arras l'an 1249. contiennent reserue & expression speciale des cas Royaux, ainsi qu'il se void par l'extrait d'icelles, rapporté par Monsieur Choppin, *Lib. 2. de Domanio,* Chapitre 6. Pareillement ils sont exprimez és lettres de l'échange de Montpellier, fait par le Roy Charles V. auec le Roy de Nauarre en l'an 1371. rapportées par Bacquet, Liure 3. Chap. 7. Comme aussi au Rglement fait l'année suiuante 1372. par le mesme Roy entre le Bailly Royal de Touraine Iuge des Exempts & cas Royaux, & le Senéchal de Touraine Iuge ordinaire pour Louys Cõte d'Anjou & de Touraine son fils, auquel peu auparauant il auoit baillé lesdites Comtez en appanage : Reglement qui est rapporté au Liure premier Chapitre 3. du grand Coustumier. Finalement les cas Royaux sont bien specifiez en l'Arrest donné en l'an 1574. entre Monsieur le Duc de Montpensier & les Officiers Royaux d'Auuergne, rapporté par Monsieur Choppin, sur la Coustume d'Anjou, Liure premier Chapitre 65. mais ces Reglemens ne sont pas generaux, dautant que les premiers portent la reseruation faite par le Roy à sa Iustice ancienne, de tous les cas qu'il luy a pleu retenir en concedant les appanages, *ut in traditione rei suæ potest quoduis pactum apponi*, & le dernier est fondé sur plusieurs particularitez resultantes de la Coustume d'Auuergne, & des anciennes & immemoriales possessions des Officiers Royaux du mesme païs.

Aussi qu'il faut considerer, qu'anciennement, & lors qu'on a craint que les grands Seigneurs vsurpassent la Souueraineté de leurs Prouinces, qui lors consistoit seulement en la reconnoissance de la Iustice Royale, outre le simple hommage, qu'ils ne faisoient qu'vne fois en leur vie, on étendoit tant qu'on pouuoit les cas Royaux, pour maintenir le Roy en possession plus ample de cette reconnoissance de sa Iustice. Pourquoy faire, les Roys enuoyoient des Iuges ou Commissaires dans les terres des Seigneurs, pour iuger des cas Royaux & causes des exempts, qui s'appelloient anciennement *Missi*, ou *Missi dominici*, & depuis ont esté appellez *Iuges des exempts & cas Royaux*, qui estoient autres que les Baillifs Royaux, comme i'ay traité en mon Liure des Offices. C'est pourquoy dans les Liures des anciens Praticiens, presque toutes matieres sont attribuées à la Iustice Royale : comprenant sous les cas Royaux toutes les causes où le Roy pouuoit auoir quelque pretexte d'interest pour éloigné qu'il fût. Ce qu'estant si hors de raison, s'est de soy-mesme aneanti aux siecles suiuans, à mesure que ces anciens Duchez & Comtez ont esté reunis à la Couronne.

Comme par exemple, vous trouuerez dans Bouteiller que les Iuges Royaux connoissoient par preuention des causes des veufues, pupilles, étrangers, & autres telles personnes dignes de commiserations. *Item*, des matieres de dots, doüaires, testaments & autres telles causes fauorables & prouisoires, ce qui notoirement ne s'obserue plus à present.

Il s'y void aussi qu'ils connoissoient de tous Contracts passez sous Séel Royal, encore qu'il n'y ait nulle coherence, que le Séel Royal à Contracts attribuë Iurisdiction, & que le mesme Bouteiller remarque, ce que nous gardons encore aujourd'huy, qu'il n'y a que trois Seaux attributifs de Iurisdiction, à sçauoir celuy du Chastelet de Paris, celui de Montpellier, & celui des Foires de Champagne.

Sur tout on a fort long-temps obserué, que quand, outre le Séel Royal, il y auoit soumission expresse à la Iustice Royale, soit que la soumission fust generale ou particuliere, alors la connoissance appartenoit au Iuge Royal : comme il se void aux Reglemens cy-dessus alleguez. En quoy il y a bien apparence quand ce cas est reserué expressement par la concession de l'appanage, ou par la Coustume particuliere de la Prouince, qu'au fait particulier de ces Reglemens ; mais il n'y a aucune raison de vouloir conclure, qu'és autres lieux la soumission du iusticiable puisse frustrer la Iustice du Seigneur, qui est patrimoniale, & qui est plus concedée en sa faueur, que de ses Sujets.

Mesme on obserue aujourd'hui en plus fort termes, que les Sujets de la Iustice primitiue du Roy, ne peuuent proroger Iurisdiction en vne autre Cour Royale que la leur, & non pas mesme par vne election de domicile contractuel, qui n'a effet que pour les exploicts & significations, & non pas pour transferer la Iurisdiction : encore que par telle prorogation le Roy ne puisse rien perdre ; mais c'est dautant que les Iurisdictions sont reglées & limitées du droict public, auquel partant les particuliers ne peuuent déroger : ainsi on garde en France la decision Canonique du Chapitre *Si diligenti. Ext. De Fo. compet.* & non pas la ciuile des Loix *Si quis in conscribendo Cod. De Episcop. & cler. & Cod. De Pact.* comme Bacquet a bien traité au 5. Chapitre du 3 Liure.

Pareillement en quelques endroits de la Champagne, & non ailleurs, les Iuges Royaux ont introduit en vsage les Bourgeoisies Royales, dont l'origine est tres-bien expliquée par Monsieur Pasquier Liure 4. de ses Recherches, Chapitre 5. qui est en vn mot ; que comme les Citoyens Romains n'estoient tenus de plaider ailleurs qu'à Rome, ainsi qu'il se lit de saint Paul aux Actes des Apostres, & qu'il s'en void vn exemple dans Pline *lib.* 10. *Episto. Epist.* 4. A l'imitation dequoy a esté introduit le Priuilege des Bourgeois de Paris de n'estre contraints plaider en defendant en matiere ciuile, hors les murs de Paris, à eux concedé par le Roy Louys XI. en l'an 1465. inseré au 112. article de Coustume de Paris. Aussi à cét exemple quelques Iuges Royaux de Champagne se sont de long-temps aduisez de faire de leur propre authorité Bourgeois du Roy les iusticiables des Seigneurs, pour les attirer à leur Iustice, par le moyen d'vne lettre de Bourgeoisie qu'eux-mesmes leur bailloient, ou d'vne simple Declaration qu'ils receuoient d'eux, par laquelle ils s'aduoüoient Bourgeois du Roy.

Or outre que cette Bourgeoisie, en tant que c'est vn Priuilege contraire au droict commun, ne peut estre donnée que par le Roy seul, & sous le grand Seau de France, il y a encore deux autres absurditez en cette pratique. L'vne, que Bourgeoisie n'a lieu proprement qu'és Republiques populaires ; comme l'a dit expressément Aristote Liure 3. des Polit. Chapitre 1. & Plut. *In Solone*, disans que la Bourgeoisie est d'auoir part à l'Estat, ou aux droicts & priuileges d'vne Cité: ce qui se pratique à Venise, en Suisse, à Geneue & autres Republiques populaires, & en France, à la verité, on appelle *Bourgeois*, quoy qu'improprement ceux qui resident actuellement és villes priuilegiées, comme Paris, Orleans & autres : mais c'est entierement mal parlé, que dire Bourgeois ou Citoyens du Roy, dautant que ces mots portent vne relation necessaire à vne Ville ou Cité. Aussi les Romains ne s'appelloient pas Citoyens de l'Empereur, mais Citoyens de Rome: Et leur Priuilege fut introduit apres qu'on eut chassé les Roys en l'Estat populaire, par les Loix appellées *sacrées*, dit Tite-Liue, Liure 2. Mais si tost que la Monarchie de Rome fut rétablie, Auguste tascha de l'abolir, reconnoissant que c'estoit vn reste de Democratie repugnant à l'Empire, mesme en éconduisit sa femme Liuia, qui le demandoit pour vn Gaulois. Finalement l'Empereur Antonius Pius le supprima adroitement en l'octroyant par vn Edict General à tous les Sujets de l'Empire, par la Loy *In orbe. C. De statu hominum*, & ainsi, reduisant le Priuilege en droict commun, il osta en effet le Priuilege.

L'autre absurdité & raison de diuersité du droict Romain au nostre, est que les Romains demeurans maistres de toute la Iustice, de tout leur Estat & Empire, la pouuoient distribuër, ainsi que bon leur sembloit, & priuilegier ceux qu'ils vouloient en cela gratifier : mais en France, où les Roys ont aliené partie des Iustices primitiues & ordinaires, ils ne peuuent pas par puissance reglée (car ie ne parle point de l'absoluë) entreprendre sur la Iustice d'autruy : principalement ne peuuent-ils pas introduire vne intention, pour du tout les affoiblir & aneantir, comme seroit celle-cy : estant facile que tous les iusticiables d'vn Seigneur complottent ensemble, pour s'aduoüer Bourgeois du Roy.

Aussi Philippes le Bel voyant que de son temps ces Bourgeoisies tiroient à trop grand abus, y pourueut par vn tres-beau Reglement, inseré dans le stile du Parlement, à sçauoir que celuy qui s'auoüeroit Bourgeois du Roy, bailleroit caution d'acheter dans l'an vne maison en la Iustice Royale, où il seroit tenu de demeurer actuellement, du moins depuis la Toussaints, iusques à la saint Iean d'Esté, & le surplus de l'année se trouuer en la ville Royale és bonnes festes : ce qu'estant gardé, il ne seroit pas fait grand preiudice aux Seigneurs.

A l'exemple des Bourgeois du Roy, les Iuges Presidiaux se sont voulu faire accroire en quelques endroits, qu'ils sont seuls Iuges des Nobles en premiere instance, soit en demandant, ou defendant, & soient les Nobles ou parties principales ou iointes, ou interuenans en vn procez ; ce qui seroit de tres-grande consequence aux Seigneurs ; Car comme il n'y a que trois estats en France, le Ecclesiastiques sont déja distraits de leur Iustice ; & partant si on en ostoit les Nobles, ils ne demeureroient plus Iuges que des roturiers : encore l'interuention des Nobles osteroit-elle la plus grande part de leurs causes, comme on void que le petit nombre qu'il y a en France d'Indultaires, attire neantmoins la pluspart des causes Beneficiaires au grand Conseil.

Aussi est-ce vne pretention réueillée seulement depuis l'Edict de Cremieu, de l'an 1536. sous pretexte, que le Roy reglant les Preuosts auec les Baillifs Royaux, attribuë aux Baillifs les causes des Nobles, à l'exclusion des Preuosts Royaux : mais incontinent apres, & en la mesme année, mesme auant que l'Edict de Cremieu fust verifié en la Cour, de peur que les Baillifs Royaux se preualussent de cét article, au preiudice des Iustices Seigneuriales, les Seigneurs de France obtinrent vne Declaration du Roy, qui fut deslors verifiée au Parlement, par laquelle sa Maiesté declara que par l'Edict de Cremieu, elle n'auoit entendu faire preiudice aux Iustices des Seigneurs, qu'elle reconnoist estre patrimoniales, partant il ordonna que les Seigneurs hauts Iusticiers connoistroient des causes des Nobles residans en leurs Iustices, tout ainsi qu'ils faisoient auparauant : & il faut remarquer la raison portée par cette Declaration, qui est tellement obseruée aujourd'huy, qu'il n'y a année qu'il ne se donne suiuant icelle des Arrests contre les Iuges Royaux, dont les Liures modernes sont pleins, de sorte que cette querelle est desormais vuidée : aussi n'y a-t-il nulle consequence de dire, que la cause d'vn Noble soit vn cas Royal, autrement il faudroit reputer tous les Gentils-hommes comme Roys en France.

Dauantage, les Iuges Royaux pretendent auoir par concurrence & preuention la connoissance des complaintes és matieres possessoires, disant que c'est au Roy & à ses Officiers à reprimer tous troubles & violences, & à conseruer vn chacun en ses possessions, & qu'il est plus seant de se plaindre au Roy, qu'aux Seigneurs subalternes, qui est confondre *vim priuatã cum vi publica siue armata* : & encore confondre l'interest Royal, auec l'intererest de Iustice, dont la poursuite appartient à tous hauts Iusticiers, comme il a esté dit cy-deuant.

Mais pour empieter les matieres de complainte, les Iuges Royaux inuenterent anciennement vn moyen assez subtil, qui fut d'obtenir les lettres en Chancellerie, pour ramener à effet (ainsi qu'ils parloient) la complainte sur le lieu contentieux, par lesquelles ils faisoient mander au premier Sergent Royal d'adjourner deuant luy-mesme les parties sur le lieu, & là maintenir verbalement l'impetrant en ses possessions & saisines, & en cas d'opposition renuoyer le procez deuant le Iuge Royal, comme il se void dans les Institutions Forenses d'Imbert. Et bien que cette inutile formalité de pratique, soit maintenant hors d'vsage, si est-ce qu'en consequence d'icelle, les Iuges Royaux sont demeurez en possession de la preuention és matieres possessoires.

Encore ont ils gardé à eux seuls, comme vn pur cas Royal, la connoissance du possessoire des Benefices, en consequence de la Bulle du Pape Martin, rapportée au stile du Parlement, qui confirme ce droict au Roy de France, comme en estant deslors en possession immemoriale: & bien qu'à la suite de cette Bulle, il se voye dans le stile du Parlement, que lors les Seigneurs de France en connoissoient aussi bien que le Roy: si est-ce que par l'Ordonnance de Louys XI. de l'an 1464. cela leur a esté interdit, comme aussi par plusieurs Ordonnances on leur a osté le pouuoir de faire saisir le temporel des Benefices, soit à faute de residence, de reparations, ou autres causes.

Par la mesme confusion de l'interest public auec celuy du Roy, les Iuges Royaux se sont voulu attribuer la connoissance de la Police: encore qu'il n'y ait rien plus certain, que la Police est vne des parties de la Iustice: & de fait, les Edicts des métiers des années 1577. & 1597. attribuënt par exprés la police des métiers aux Iuges ordinaires des lieux: & l'execution des Declarations pour les lettres de maistrise de chacun métier, lors que les cas échéent d'en donner, s'adresse tousiours aux Iuges des lieux. Chose qui non seulement est juste, mais aussi presque necessaire: car comme souuent la Ville d'vn Seigneur est fort éloignée de la Iustice Royale, seroit-il raisonnable que pour vn leger differend de police, qui doit estre vuidé sommairement & sur le champ, auant la deperition des preuues, les pauures artisans allassent plaider au loin?

En quoy toutefois il y a deux modifications notables, procedantes de ce que la police doit estre vniforme. Premierement, qu'au Roy, & à ses Parlemens, appartient la police generale, qui concerne le Reglement vniuersel du Royaume: c'est pourquoy on dit communément en pratique, que les matieres de Reglement n'appartiennent qu'à la Cour.

Secondement, & par mesme raison au Iuge de Prouince appartient la police & Reglement qui concerne en particulier le détroit general de sa Prouince: & tout de mesme au Iuge Principal d'vne Ville, soit Royal ou autre, appartient le Reglement & police de la Ville & Faux-bourgs, pour éuiter au desordre & difformité. *Né vna vnica ciuitas diuersa habeat regimina.*

Il est vray qu'vn Iuge Royal, ou de Seigneur, n'aura pas la police dans le territoire d'vn autre Iuge, s'il ne ressortit pardeuant luy: car il ne l'a qu'en vertu de la superiorité, laquelle cessant, il faut suiure la regle, *Par in parem non habet imperium.* Comme, par exemple, dans Paris, où il y a plusieurs Iustices Seigneuriales, le Preuost de Paris, ou son Lieutenant Ciuil, se qualifie seul Iuge Politique, & de fait il exerce seul la Police és Iustices de ses inferieurs: mais le Baillif du Palais, qui ne ressortit deuant luy, ne luy cede rien en son détroit.

Quand ie dis que le Iuge principal & Superieur d'vne ville exerce toute la police d'icelle, i'entends qu'à luy seul appartient à l'exclusion des inferieurs, de faire Reglemens de police pour toute la Ville & faux-bourgs, comme mettre taux aux viures, receuoir les Iurez & les Maistres de chacun métier, faire Reglement entr'eux: mais quant aux contrauentions à ces Reglemens, & autres delits en fait de police, ensemble és differends de partie à partie: i'estime que preuention y doit auoir lieu entre le Superieur & l'inferieur, dans sa Iustice primitiue, & il s'obserue ainsi à Paris.

Or bien que la voirie, c'est à dire, la Sur-Intendance des ruës & grands chemins, soit vne des principales dependances de la police, mesme qu'en plusieurs Coustumes, comme Anjou, Touraine, le Maine, Blois, & autres, les moyens & bas Iusticiers soient appellez gros & simples voyers: si est-ce que les Iuges Royaux pretendent la preuention des delits commis és grands chemins, sous pretexte que les Auteurs Grecs appellent les grands chemin βασιλικὰς ὁδοὺς, & les Latins *vias Regias.* De fait Aristote dit en quelque endroit, que les Officiers du Roy Mausolus vendoient annuellement à son profit les fruits des arbres qui estoient dans les grands chemins.

Mais Aristote ne dit pas, qu'au Royaume de Mausolus il y eust des Iustices Seigneuriales: & si du temps des Auteurs Latins, qui ont appellé les grands Chemins *vias Regias*, il n'y auoit point de Roys en Italie, mais les appelloient, ainsi que par vne certaine excellence nous appellons Royal tout ce qui est plus grand & excellent. Ils appelloient donc ainsi les plus grands chemins, à la distinction des trauerses ou carrieres, qu'ils appelloient *vias vicinales*: car ils reconnoissoient deux sortes de chemins publics, à sçauoir, *vias Regias*, qui conduisoient de ville en ville, & de païs en autre, & *vias vicinales*, qui trauersoiét de village en village, dit le §. *viam cum* §. *seq. In l. 2. D. Ne quid in loco pub. & l. vlt. D. De locis & itin. pub.* Et sur tous Theophile l'expose clairement aux Institut. *Tit. De L. Aquilia*, où il definit *βασιλικὴν ὁδὸν ἣ πάντες κέχρηνται ἐπὶ διαφόρους ἀπιόντες τόπους : & vicinalem τὴν ἐπὶ κώμας ἄγουσαν.* Et le §. *viam* cy-dessus allegué, dit que *viam publicam dicimus, cuius solum publicum est. Atqui*, il a esté montré cy-dessus, que ce qui est public, est delaissé au haut Iusticier.

Neantmoins, il y a trois diuerses opinions entre les Praticiens, touchant les delits commis és Chemins Royaux : aucuns les attribuans aux seuls Officiers du Roy : les autres aux Barons, & autres Iuges des villes closes seulement, à l'exclusion des Iuges de village: les autres, à tous les hauts Iusticiers ; desquelles trois opinions, i'estime la moyenne plus équitable.

Ces trois mesmes opinions se retrouuent pareillement, pour raison de la connoissance des hauts crimes, comme meurtre, incendie, rapt, encis, & autres semblables: où ie tiens aussi l'opinion metoyenne ; que la punition de ces crimes ne doit appartenir qu'aux Iuges graduez des villes, n'y ayant rien de particulier, qui les puisse faire reputer cas Royaux ; puisque l'interest du public & la Iustice criminelle depend indistinctement de la haute Iustice : & d'ailleurs, pource que ie ne trouue gueres d'apparence de confier les procez de telle importance aux Iuges Guestrez de village : joint que par les Chartes & titres de concession des simples hautes Iustices, ces hauts crimes sont ordinairement reseruez, comme il se void en celles qui sont rapportées dans Chopin & dans Bacquet.

Pareillement faute de distinguer ces Iuges sous l'Orme, d'auec les Iuges graduez des Villes, & des Ducs, Comtes, Barons, & Chastelains, ayans ample territoire, plusieurs tiennent que les criées ne peuuent estre certifiées, sinon pardeuant les Iuges Royaux, sous pretexte de quelques Arrests de la Cour, par lesquels, des certifications de criées faites deuant des Iuges de Village par emprunt de Praticiens, auoient esté cassées : & ce à juste cause, tant pour ce que c'est la foule des parties de mener ainsi des Praticiens au loin pour vne simple certification de criées, que pour autant que ceux-là, estans étrangers du Siege, ne sont pas capables de répondre du style particulier d'iceluy.

Mais au contraire, il a esté iugé par plusieurs Arrests, que les certifications de criées faites aux Sieges notables des Iustices Seigneuriales, où il y auoit nombre suffisant de Praticiens residans, sans en emprunter d'ailleurs, estoient bonnes & valables : comme il a esté jugé par Arrest du 30. Ianvier 1578. & par autre Arrest du 16. Ianuier 1587. pour le Comte de Roche-fort ; & autre du 11. Fevrier 1556. pour le Seigneur de Colommiers : I'ay veu aussi vn autre Arrest pour le Seigneur de Remboüillet, par lequel fut infirmée la Sentence du Baillif de Mont-fort Lamaury, qui luy auoit fait deffenses de certifier criées.

Aussi quelle raison y auoit il de soustenir le contraire, puisque l'Ordonnance des criées de l'an 1551. dit par exprés, que les criées doiuent estre certifiées pardeuant le Iuge des lieux, mots qui comprennent infailliblement les Iuges subalternes, aussi bien que les Royaux : Car quand l'Ordonnance entend exclurre les Iuges des Seigneurs, elle vse de ce mot *nos Iuges*, & ne dit pas, les Iuges des lieux. Et de dire, que certifier criées ce soit vn cas Royal, il n'y a notoirement aucune coherence : de dire aussi que les criées ne peuuent estre certifiées qu'au Siege principal de la Coustume, les termes de l'Ordonnance y resistent & l'vsage pareillement, attendu que notoirement les certifications des criées se font aux Preuostez & autres Iustices Royales inferieures, mesme plus souuent qu'aux Bailliages & Senéchaussées.

Toutefois cette mesme Ordonnance des criées, veut qu'indistinctement en toutes maisons saisies on appose des Pannonceaux aux armes du Roy : & la Cour a tousiours trouué mauuais, qu'on y apposast les armes des Seigneurs Iusticiers. Mais c'est vn droict de Souueraineté, & vn acte de Iustice vniuerselle, qui ne deroge point & ne fait point de preiudice à la Iustice particuliere des Seigneurs, & cela se fait à cause de la decision du Droict, *vt nemo priuatos titulos prædijs imponat, vel vela Regia suspendit*, estant vn droict qui n'appartient qu'au Souuerain de poser affiches ou autres marques de sauue-garde publique, comme il est bien decidé en la Nou. 17. Ch. 15. *Titulos imponere prædijs alienis, & domibus superscribere nomina præsumentibus, periculosum esse scias : quia hoc agentes propriam substantiam applicabunt fisco. Si enim rem soli imperio concessam tentauerit quis vsurpare, in suis agnoscat periculum & suis rebus publicis titulis impositis aut alijs exemplum abstinentiæ.*

Et à cét exemple, quand on trouueroit bon d'ordonner, que tous commandemens de Iustice se fissent au nom du Roy, ou pour le moins conjointement au nom du Roy & du Seigneur, dont le commandement seroit emané, ce seroit faire éclater plus souuent l'authorité & Majesté du Roy aux oreilles de ses Sujets, & si on ne feroit point de tort aux Seigneurs Iusticiers, attendu qu'outre la Souueraineté & la Iustice vniuerselle, le Roy a tousiours la Seigneurie directe de toute Iustice Seigneuriale, releuant en fief de luy : & à cét égard il est vray que les Officiers des Iustices releuans du Roy sont aucunement ses Officiers, pourueu toutefois qu'on distinguast soigneusement ce qui est de la directe, d'auec la proprieté & Seigneurie vtile de ces Iustices, & en ce faisant qu'on n'ostast rien aux Seigneurs, de ce qui est des droicts & émolumens patrimoniaux de leurs Iustices.

Mais

Mais i'entends qu'entre les Iuges Royaux des Prouinces, il y en a aujourd'huy de si auantageux, que pensans reünir tout à leur profit, sous pretexte qu'aux criées on se sert de Pannõceaux Royaux, & qu'il y a beaucoup de Sieges de Seigneurs où elles ne peuuent estre certifiées (bien que les Pannonceaux se mettans sans connoissance de cause n'attribuënt Iurisdiction, & que la certification se fasse le plus souuent en autre Siege que celuy où se fait le decret) ils se font accroire, que tous les decrets se doiuent faire pardeuant eux: chose qui iusques à present n'a jamais esté mise en auant, non pas mesme du temps qu'il estoit necessaire d'abaisser le pouuoir des grands Seigneurs de France, & qu'il y auoit des Iuges des Exempts & cas Royaux en toutes les Iustices des appanages & autres grands Seigneurs: Et qui est d'ailleurs si absurde, que plusieurs Coustumes attribuënt expressement les decrets, non seulement aux hauts, mais mesme aux moyens Iusticiers. Comme aussi tous les Docteurs de Droict tiennent sur la *l. Imperium D. De Iurisdict.* que *interpositio decreti est actus, non meri, sed mixti imperij*: & c'est la verité, que le decret est vn acte qui participe autant de la Iurisdiction volontaire, que de la contentieuse.

Il est vray que pour les grands differends & difficultez, qui échéent ordinairement aux decrets, qui sont les vrays chef-d'œuures de pratique, & dautant aussi qu'és Auditoires des villages les encherisseurs ne se trouuent pas si communement & en si grand nombre, qu'en ceux des villes closes, aussi que les Iustices de villages sont la plus-part vsurpées, il ne seroit peut-estre pas hors d'apparence, de laisser tous les decrets aux Iuges des villes: mais ce seroit, non seulement contre Iustice, mais aussi contre le bien public de les oster indistinctement à tous les Iuges des villes Seigneuriales, & les attribuër au Siege capital de la Prouince, qui estant bien souuent fort esloigné des heritages saisis, il ne s'y trouueroit pas tant d'encherisseurs, que si l'adiudication se faisoit en la prochaine ville & au Siege ordinaire, où hantent plus communement ceux du détroit.

Il est inutile de dire, que les adiudications se font bien au Greffe de la Cour: car elles ne s'y font en premiere instance, mais seulement quand les decrets se font en vertu de ses sacrez Arrests, dont l'execution luy demeure, ce qui n'arriue gueres qu'aux decrets des grandes terres; encore voit-on, qu'à cause de l'éloignement, elles y sont le plus souuent venduës à fort vil prix, au grand dommage du saisi & de ses derniers creanciers.

Cette mesme distinction des Iuges Guestrez de village d'auec les Iuges graduez des villes, dõt aucuns ont plus grãd territoire que plusieurs Baillifs & Senéchaux Royaux ressortissans à la Cour, & qui est le principal sujet de tout ce Traité, n'ayant esté iusques icy bien approfondie, ce qui a esté cause qu'on a autrefois tenu indistinctement, que les Iuges des Seigneurs ne pouuoient en aucun cas juger nonobstant l'appel & sans preiudice d'iceluy, encore que par prouision & en baillãt caution, non pas mesme en matiere d'obligation ou cedules reconnuës, & encore moins aux matieres d'alimens, medicamens, salaires de seruiteurs, journées d'ouuriers, dation de tutelle, confection d'inuentaire, dots, doüaires, causes promptes de Police, & autres semblables matieres prouisoires & requerans celerité.

De sorte qu'és lieux où il y a trois ou quatre degrez de Iurisdiction Seigneuriale, auant que de venir à la Royale, ceux qui plaident contre leurs obligations ou cedules ont beau temps, & au contraire les pauures seruiteurs, les maneuures, les blessez, les mineurs, les veufues, & autres semblables, ont beau jeusner & crier apres leur deub, iusques à ce que leur cause soit jugée au Siege Royal.

De mesme lors qu'on deferoit aux appellations des interlocutoires qui ne portoient prejudice au principal, celuy qui vouloit fuir appelloit à dessein de chacun appointement, & ainsi auant qu'on peust paruenir à la definitiue, il falloit quelquesfois vuider plus de six appellations, l'vne apres l'autre, & chacune en deux ou trois Sieges, qui estoit bien pour rendre les procez immortels: de sorte que pour éuiter toutes ces chicaneries, la Cour trouue bon, mesme enjoint quelquesfois aux Iuges, & principalement à ceux des villes, de passer par dessus ces friuoles appellations des interlocutoires, suiuant la decision du Droict Ciuil & Canon, & de iuger la prouision, nonobstant appel és matieres qui sont notoirement prouisoires, & qui requierent celerité, qui est le plus grand abbregement de Iustice, & bannissement de chicanerie, que l'on puisse inuenter.

Et quant aux non excedans, comme les Iuges de Paris peuuent iuger iusques à vingt-cinq liures par dessus l'appel, par Ordonnance de l'an 1563. & les petits Auditeurs du Chastelet de Paris (qui sont les Iuges des Chambrieres) iusques à vingt liures, auec les dépens à quelque somme qu'ils se puissent monter, par Ordonnance de l'an 1543. Aussi seroit-il bien necessaire de permettre à tous Iuges, & principalement à ceux des villes, de iuger de mesme iusques à dix liures és matieres pures personnelles: à la charge de bien obseruer l'article de l'Ordonnance de Blois, qui enjoint de vuider telles causes sommairement, & sans les appointer, pour ce que, soit qu'on les appointe, soit qu'on defere à l'appel, les frais excedent de beaucoup le principal.

Mais la plus grande & frequente entreprise des Iuges Royaux sur les subalternes en l'extension des cas Royaux, est par le moyen des lettres Royaux: Car presque en toutes matieres on prend sujet d'en obtenir : de sorte que si on obseruoit indistinctement la maxime vulgaire, que les seuls Iuges Royaux sont competens d'en connoistre, les subalternes seroient presque entierement priuez de leur Iustice.

Pour examiner ce poinct, il faut commencer par la distinction generale des Récrits & lettres Royaux, dont les vnes sont de grace & les autres de Iustice : i'appelle les lettres de grace, celles qui dependent de la pure grace, liberalité, ou bonté du Prince, & lesquelles il peut refuser sans violer le Droict commun : comme les graces, remissions, dons, octroys, dispenses, priuileges, lettres d'Offices, toutes lettres de finance: & les lettres de Iustice sont celles qui sont fondées sur le Droict commun, ou qui portent mandement de rendre la Iustice auec connoissance de cause.

Cette diuision presupposée, ie tranche en vn mot, que toutes lettres de grace doiuent estre entherinées & executées par les Officiers Royaux & non autres, pource qu'il n'appartient qu'à eux seuls d'executer la volonté pure de leur Maistre : mais quant aux lettres de Iustice, ie dis que regulierement tout Seigneur ayant Iustice en peut & doit connoistre en son détroit, sauf quelques exceptions.

Pour lesquelles comprendre il faut subdiuiser les lettres de Iustice en celles qui sont excitatiues, & celles qui sont attributiues de Iurisdiction. Sous les excitatiues, ie comprends les récisions & restitutions en entier, qui sont sans doute fondées en Droict commun. Et ce qu'on est contraint s'en addresser au Roy, (ainsi qu'en l'ancien Droict Romain on s'addressoit au Preteur ou Magistrat, pour mander à celuy qu'il commettoit pour iuger, qu'il ne s'arrestast point à la rigueur du Droict étroit) a esté inuenté du commencement à bonne fin, sçauoir est, pour faire reconnoistre dauantage le Roy, lors que toutes les Iustices appartenoient aux grands Seigneurs, mais à present c'est vne formalité de pratique qui ne sert plus que pour l'entretien des Officiers des Chancelleries: enfin ce n'est plus qu'vn impost que le Roy prend sur les procez; dautant que si la cause de l'impetrant n'est bonne, selon de Droict commun, ses lettres ne luy seruent de rien. C'est pourquoy à bon droict les trois Estats d'Orleans firent Requeste au Roy, pour abolir cette formalité de lettres de Iustice, qui n'a jamais esté connuë par les Grecs, ny par les Romains, comme Bodin dit fort bien Liure 3. de sa Republique Chapitre 4.

I'y comprends aussi les lettres de Benefice d'inuentaire, qui sont pareillement fondées en Droict commun, *leg. scimus. C. De Iur. delib.* mesme qu'on n'est point tenu d'en obtenir au païs du Droict écrit. Et encore les lettres de Benefice d'âge, pource que c'est maintenant vn Droict commun de France de n'en point refuser à ceux qui se disent auoir atteint l'aage de vingt-ans: aussi qu'elles ne sont enterinées que par aduis des parens, qu'il coûteroit beaucoup à vn pauure mineur de faire comparoistre au loin, deuant le Iuge Royal: en quoy il semble, qu'il n'y a plus de doute depuis l'Ordonnance de Blois, qui veut que toutes instructions de procez, & mesme les executions d'Arrest, qu'il faut faire sur le lieu, en vertu des lettres de Chancellerie soient addressées aux Iuges des lieux, pour le soulagement des parties.

Toutefois auparauant cette Ordonnance on pratiquoit, & encore à present, plusieurs Praticiens tiennent, que si les lettres de récision, ou autres semblables, estoient obtenuës principalement, & pour commencer le procez, par l'action récindante ou rescisoire, l'addresse en doit estre faite au Iuge Royal : mais si elles estoient obtenuës incidemment sur vn procez déja pendant deuant le Iuge subalterne sur le récisoire, elles luy doiuent estre addressées, à cause de la connexité, *& ne causa continentia diuidatur.*

L'origine de cette pratique vient d'vne vieille maxime de Chancellerie, que le Roy n'addresse jamais ses lettres qu'à ses Officiers, comme si toutes Iustices ne tenoient pas de luy, du moins en directe Seigneurie: & d'ailleurs, comme si les Iuges des Seigneurs n'étoient pas ses Subjets, & tenus d'executer ses mandemens, & s'ils n'estoient pas aussi dignes de les receuoir, comme de simples Sergens : enfin comme si cette formalité estoit si importante à l'authorité du Roy, que sous pretexte qu'il ne voudroit addresser ses mandemens aux Iuges subalternes, il leur ostast ce qui est de leurs Offices.

Mais sur tout, est-ce pas vn vray abus, mesme vne pure illusion de Iustice, qu'vn chetif Sergent fasse commandement à vn Iuge estant en son Siege, en pleine Audiance, de faire ce qui est de sa charge? Comme il est mandé par le style des Chancelleries, lors que les lettres Royaux doiuent estre presentées au Iuge subalterne. Aussi on auroit honte de pratiquer à la lettre, ce style & formulaire si absurde, & faire qu'vn Sergent commandast à vn Iuge, estant mesme au lieu & en l'acte de Iustice; mais on fait presenter les lettres par vn Procureur, tout ainsi qu'és Iustices Royales.

Et notamment depuis l'Ordonnance de Blois, qui a enjoint faire l'addresse des Commissions aux Iuges des lieux, les bons Praticiens n'ont plus fait de difficulté d'addresser directement les lettres de Chancellerie aux Iuges subalternes: mesme à present on void les Edicts & les lettres du grand Seau, dont l'execution se doit faire aux villes non Royales, contenir cette addresse: *A nos Baillifs, Preuosts, &c. & autres Iuges & Officiers qu'il appartiendra*, & n'y a tantost plus que les vieux Praticiens, qui ne peuuent démordre leur routine de jeunesse, ou les Clercs ignorans, qui composent leurs lettres sur les anciens Protocoles de Chancellerie, qui gardent cét ancien scrupule.

Mesme la Cour a pratiqué de tout temps, que si pour attirer vn procés deuant le Iuge Royal, on obtenoit auec affectation des lettres Royaux, sans qu'il en fust besoin (comme rarement és petites Chancelleries on refuse de la cire pour de l'argent) le Seigneur haut Iusticier estoit bien fondé à demander le renuoy de la cause. Témoin l'Arrest du Duc d'Alençon, pour sa Vicomté de Chasteau-neuf en Timerays, en l'an 1518. par lequel la Cour infirma la Sentence du Baillif de Chartres, qui l'auoit debouté du renuoy en vne cause de vendication, où le demandeur auoit obtenu lettres pour estre releué de la prescription. Arrest qui est incorporé au style du Parlement *parte* 7. vis à vis duquel du Molin note en apostil, que les lettres excitatiues de Iurisdiction doiuent estre presentées & enterinées deuant le Iuge du lieu, encore qu'il ne soit Royal.

Et le mesme du Molin sur l'article 81. de la Coustume d'Anjou, qui porte qu'és lettres qu'autre que le Roy ne peut octroyer, il n'y a lieu de Renuoy, a dit ces mots, *Scilicet de ijs quæ sunt meræ gratiæ, secus de ijs quæ sunt iustitiæ, id est iuris communis, licet fiscales Reg conentur omnia ad suum forum trahere, quauis colorata tantùm occasione.*

Ie leur demanderois volontiers pourquoy les lettres de recision attribuënt plustost Iurisdiction aux Iuges Royaux, que celles de desertion, d'anticipation, de conuersion d'appel en opposition, qui notoirement sont presentées tousiours & sans distinction aux Iuges non Royaux, en ce qui est de leur Iurisdiction: ce qui montre bien, que toutes lettres Royaux ne doiuent pas estre addressées aux Officiers du Roy, mais seulement les lettres de grace & les lettres attributiues de Iurisdiction.

Voila pour les excitatiues, & quant aux attributiues de Iurisdiction, il faut derechef les subdiuiser en celles de la grande & celles de la petite Chancellerie.

Quant à celles de la grande Chancellerie, & qui ne peuuent estre expediées en la petite, il n'y a nulle difficulté, que celles là ne puissent distraire la Iustice ordinaire des Seigneurs, & renuoyer la matiere au Iuge auquel elles sont addressées. Car c'est le Roy qui vse de son authorité & de sa Iustice vniuerselle, soit de son particulier commandement, soit auec connoissance de cause. Qui a douté qu'il ne puisse interdire, euoquer, commettre, & renuoyer les causes, ainsi qu'il luy plaist?

Et toutefois voicy ce qu'en dit l'Ordonnance de Philippes VI. de l'an 1338. *Prohibemus ne aliquis Seneschallus, aut alius Officiarius noster, subditos iustitiarum merum imperium habentium, prætextu literarum nostrarum coram se trahat ciuiliter vel criminaliter, nisi in dictis litteris mentio fieret, quod subditi essent aliorum iustitiariorum cum clausula, non obstante, &c. & continerent causam nos rationabiliter mouentem. Aliàs illas ex nunc subreptitius reputamus, nec eas volumus executioni mandari.* Car c'est vn acte de puissance absoluë & authorité Souueraine, dont le Prince n'a pas accoustumé d'vser sans grande cause.

Ce qui doit estre principalement obserué quand les lettres attributiues de Iurisdiction concernent non vne simple affaire, mais vne vniuersité de causes. Car alors les Seigneurs, dont par ce moyen la Iustice seroit affoiblie, ont sujet de se pouruoir, soit par remontrance, ou par Reqneste, ou par opposition, & autres voyes de Droict, pource qu'il n'est pas à presumer que le Roy vueille oster aux Seigneurs en tout ou en partie les Iustices qu'il leur a concedées en fief, & qu'ils rachetent de sa Majesté.

Par exemple, quand le Roy fit son Edict de Cremieu, par lequel il sembloit vouloir attribuer aux Baillifs & Senéchaux les causes des Nobles, les Seigneurs de France formerent opposition à la verification d'iceluy, qui l'arresta prés d'vn an, & fut leur opposition trouuée si juste, que suiuãt icelle le Roy fit sa Declaration, qu'il n'entẽdoit prejudicier à leurs Iustices.

Mais quand les Iuges Consuls furent erigez en l'an 1563. & és années suiuantes, ce ne fut du commencement, qu'és bonnes Villes comme Paris, Roüen, & autres, où le Roy seul a notoirement la police, sous laquelle on comprit les causes de Marchand à Marchand & pour fait de Marchandise, & encore ces erections furent faites par Edicts particuliers, & l'vne apres l'autre; de sorte que les Seigneurs de France n'auoient pas grand moyen ny grand sujet aussi de s'y opposer en corps, joint qu'ils y eussent peu profité: pource que feu Monsieur le Chancelier l'Hospital Inuenteur de ces Iustices (aussi bien que de celles des Presidiaux) les affectionnoit beaucoup. Neantmoins les Seigneurs ont tousiours soustenu que les Consuls n'auoient que voir sur les Iusticiables; dont la Cour n'a point fait de difficulté à l'égard de ceux, dont les Iustices sont hors le ressort des Bailliages, où il y a des Iuges Consuls établis, comme elle a jugé par plusieurs Arrests, dont i'en ay vn notable, donné au profit de Madame de Longueville Comtesse de Dunois le septiéme May 1577. par lequel deffences sont faites aux Iuges Consuls de Chartres, d'entreprendre Iurisdiction sur les Habitans du Comté de Dunois, dautant qu'il est assis dans le Bailliage de Blois, où il n'y a aucuns Consuls, bien que ceux de Chartres en soient les plus proches, & mesme il est ordonné par cét Arrest, ce requerant feu M. Brisson lors Aduocat General du Roy, qu'il sera publié en l'Auditoire desdits Consuls.

Et quant aux Iustices des Elections, Greniers à Sel, & Eaux & Forests, elles ne connoissent que des cas vrayement Royaux; & partant elles ne peuuent rien entreprendre sur la Iustice ordinaire des Seigneurs. Et pour le regard de celles des Preuosts des Maréchaux, elles sont approuuées pour leur apparente vtilité: joint qu'elles n'ont connoissance que des voleries faites en grand chemin, fausse monnoye, delict des Soldats & des vagabonds, qui sont tous cas dont les Officiers Royaux ont tousiours pretendu la preuention.

Comme aussi au regard des *Committimus* des Requestes du Palais & de l'Hostel du Roy, des Gardes-gardiennes, & des protections des Vniuersitez, les Seigneurs y acquiescent, entant qu'il n'y ait point de fraude, comme estans tels priuileges dependans des cas Royaux, & qui sont presumez plus anciens que leurs Iustices: mais quoy qu'il en soit, toutes ces Iustices extrauagantes & extraordinaires, & aussi tous ces priuileges, sont moins fauorables & extensibles entre les Iusticiables des Seigneurs, qu'entre les Subiets primitifs du Roy: attendu que le Roy peut diuiser ses Iustices ainsi qu'il luy plaist, mais il n'entend pas diminuer celles qui sont patrimoniales aux Seigneurs.

Finalement pour le regard des lettres attributiues de Iurisdiction emanées de la petite Chancellerie, ie dis (sauf correction) qu'elles sont toutes abusiues, si ce n'est qu'elles soient fondées en Edict, ou en Arrest. Car les petites Chancelleries ne sont instituées que pour les dépesches ordinaires & de style commun, & non pas pour expedier ce qui requiert connoissance de cause, & moins encore pour attribuer à vne Iustice ce qui appartient à vne autre, & pour commettre des Iuges étrangers à la poste des parties, au prejudice des Iuges ordinaires & naturels, comme il est decidé expressement par l'Ordonnance de 1539. articles 170. & 171.

Aussi à bien entendre ne doiuent-elles vser du mot *committons*, mais seulement dire *mandons*, car comme remarque fort bien le grand Coustumier Liure 2. Chapitre 10. le Roy mande aux Iuges ordinaires, & commet les extraordinaires, mesme les bons formulaires de Chancellerie vient de ces mots: *& pource que la connoissance de la matiere vous appartient, mandons, &c.* Et tout ainsi que telles lettres seroient iugées inciuiles, si elles attribuoient au Baillif Royal, ce qui appartient au Preuost: à plus forte raison les faut-il juger telles, quand elles attribuënt au Iuge Royal, ce qui appartient au subalterne qui a Iustice patrimoniale, de laquelle de Droict commun le Roy ne peut disposer.

Neantmoins le temps passé, cela estoit si commun que rien plus, & par le moyen de telles lettres on ostoit aux subalternes la pluspart de leurs causes. Car on leur ostoit la cõnoissance des executions, saisies & decrets par le moyen des lettres de *Debitis*: on leur ostoit les matieres feodales par les lettres de conforte-main: on leur ostoit les matieres possessoires par le moyen des lettres de complaintes, on leur ostoit les matieres d'attermoyement par les respits & par les lettres de cinq ans: on leur ostoit les causes des vefues, pupilles, étrangers, par le moyen des lettres de sauue-garde, & ainsi d'infinies autres, dont l'abus par succession de temps s'est trouué si manifeste, qu'aujourd'huy toutes ces sortes de lettres, dont les noms mesmes sont ridicules & sauuages, sont d'elles mesmes tournées en non vsage.

Mais voicy encore vn plus grand abus, c'est que les Iuges Royaux n'attendans pas qu'on aille iusques à Paris pour leuer telles lettres, les deliurent eux-mesmes en leurs Greffes: comme des Commissions generales pour saisir & executer, soit pour droicts Seigneuriaux, soit pour toutes rentes foncieres, soit mesme pour debtes personnelles: & ce sur les Subjets des hauts Iusticiers & dans leur Iustice primitiue, mesme bien souuent hors leur ressort & dans la Iustice de leurs voisins. Et tout autant de Commissions qu'on leur demande pour adjourner pardeuant eux en premiere instance les Iusticiables des Seigneurs, ils n'en refusent point: mesme quand il est question d'adiourner ceux d'vne autre Prouince, tout leur est indifferent, disans qu'en matiere de Iustice il n'est que d'entreprendre. Auquel dernier cas, les Iuges des lieux font tres-bien de faire arrester, & de condamner en bonnes amendes les Sergens executans telles Commissions: car ils doiuent sçauoir leur Prouince & ressort: joint que si on en vsoit ainsi, le Iuge qui entreprendroit sur le territoire d'autruy, auroit tousiours cét aduantage d'estre Iuge de son entreprise.

Sur ce propos il faut remarquer vn abus qui se commet ordinairement és lettres de Garde-gardiēne, & és protections des Escoliers & Supposts des Vniuersitez, en ce que par icelles il est mandé aux Sergens de faire commandement aux Iuges de renuoyer les causes deuant les Baillifs ou Conseruateurs, & au refus des Iuges, les renuoyer eux-mesmes. Clause qui est notoirement abusiue, à l'égard des Iuges qui ne ressortissent pardeuant eux: n'y ayãt que le Roy & la Cour qui puissent faire telles injonctions indistinctemēt à tous Iuges, estans seuls Superieurs de tous. C'est pourquoy cette clause n'est pas abusiue és *Committimus* des

Requestes, esquels le Roy parle, aussi que Messieurs des Requestes, & de l'Hostel & du Palais, sont du corps de la Cour; lesquels exceptez, c'est à tout Iuge pardeuant lequel est pendant le procez, dont on demande le renuoy, *æstimare an suasit iurisdictio, necne. l. si quis ex alien. D. De iudiciis*, & s'il refuse le renuoy, il n'y a voye que par appel; & c'est au Superieur à vuider desormais la contention de Iurisdiction. Comme Bacquet a bien remarqué au 8. chapitre du 3. liu.

Mesme il est indubitable, que le Sergent ne doit pas en vertu de telles lettres adiourner les subiets d'vne Prouince en vne autre, sans exhiber & presenter sa Commission au Iuge ordinaire, autrement il peut estre arresté. Car si cela estoit toleré, on attireroit tous les iours les pauures gens à plaider hors de connoissance, & n'y a nul autre moyen d'empescher que le Iuge étranger, soit Iuge en sa cause, & de sa propre entreprise.

Ce qui n'est point contraire aux Ordonnances, qui defendent de demander placet, visa ny pareatis: car elles s'entendent des mandemens Royaux de Chancellerie, ensemble des obligations sous seel Royal, qui s'executent par toute la France: Et des Sentences des Iuges Royaux dedans leur ressort, & és lieux où s'étend leur puissance, mais non pas des Commissions qu'ils baillent hors leur ressort, *quia extra territorium iudex priuati loco est, eique impunè non paretur*; Que si les Iuges venans d'vn pays en autre, pour executer vne Commission extraordinaire du Roy, ou de la Cour, sont tenus publier leur *Committimus* (comme on dit communément) c'est à dire notifier leur pouuoir aux Iuges des lieux, pour euiter aux inconueniens qui en pourroient autrement arriuer; Pourquoy trouuera-on étrange, qu'vn simple Sergent porteur d'vn mandement d'vn Iuge hors son territoire, demande permission au Iuge du lieu de l'executer, qui est la matiere des commissions rogatoires, dont la pratique est si ancienne qu'elle est rapportée dans le grand Coustumier liu. 2 chap. 19.

Surquoy faut aussi obseruer qu'il y a difference notable en l'étenduë des *Committimus* des Requestes, des protections des Conseruateurs & des Gardes-gardiennes des Baillifs & Senéchaux. Car les *Committimus* des Requestes s'étendent & attirent de tout le Parlement, dont ils sont émanez, mais non pas des autres Parlemens, si ce ne sont ceux des Officiers commensaux du Roy, & des Cheualiers du S. Esprit, lesquels pour cet effet doiuent estre seellez du grand Seau, attendu que celuy de la petite Chancellerie, n'a pouuoir que dans son Parlement.

Et quant aux protections des Escoliers & Supposts des Vniuersitez, elles n'attirent pas non plus des autres Parlemens: mais elles ont cela de particulier qu'elles ne peuuent attirer de plus loin que quatre iournées, comme il est porté par l'Ordonnance de Louys XII. de l'an 1448. que plusieurs entendent des Apostoliques seulement, & non des Royaux Conseruateurs.

Finalement les Gardes-gardiennes attribuées aux Baillifs & Senéchaux (car il y en a d'autres attribuées aux Requestes du Palais, qui se reglent tout ainsi que les *Committimus*) ne s'étendent regulieremēt hors le ressort & limites des Bailliages. Toutefois par ce regard il le faut regler suiuant la teneur du Priuilege, & verification d'iceluy faite en la Cour, sans laquelle nulle Garde-gardienne ne doit auoir lieu, comme porte l'Ordonnance de l'an 1556. article 4. & a esté iugé par plusieurs Arrests. Ce qui a lieu principalement à l'égard des Iustices seigneuriales, pour ce que par l'Ordonnance de Philippes VI. de l'an 1338. il est dit qu'il ne sera point donné de lettres de Garde-gardienne au preiudice des hauts Iusticiers, *nisi causæ cognitione legitima præcedente*. Mais quand la verification étendroit la Garde-gardienne hors le ressort du Baillif, auquel elle est attribuée, les Iuges voisins en peuuent pretendre iuste cause d'ignorance, iusqu'à ce qu'elle soit publiée & notifiée en leur Prouince.

Voilà beaucoup de diuerses sortes d'entreprises, & puis dire qu'il ne se peut imaginer aucune espece de cause, quelle qu'elle soit, que les Iuges Royaux n'ayent quelque pretexte pour en attirer la connoissance: & il y a telle cause, dont ils trouueront cinq ou six diuers pretextes pour en cōnoistre; de sorte que si on les vouloit croire, les subalternes n'auroient aucune cause en leurs Sieges: & en cette façon les Seigneurs notables de France demeureroient entierement priuez des Iustices qu'ils rachetent du Roy, & qu'ils possedent de si long-temps en vertu du plus signalé contract, qui fut iamais fait en France, & lequel a esté le principal moyen de l'établissement des familles Royales, & de la conseruation continuelle de cette Couronne iusques à present, comme i'ay dit au commencement de ce discours.

Que s'il plaist au Roy qui est autheur & garand de ces Iustices seigneuriales, & à la Cour de Parlement, qui est superieure des vnes & des autres, conseruer chacune en ce qui luy appartient selon droict & raison: il arriuera ce que dit Iustinian en sa Nou. 15. que *erit vtriumque congruentia vtilis. Sic enim minores Iudices, Iudicum facient officium: & Prouinciarum Præsides Iudices Iudicum erunt, & proinde honestiores: quia quanto præest quilibet præstantioribus, tantò ipse major & honestior est.*

TABLE DES MATIERES
Contenuës en ce Traité.

Table des Matieres.

FIN.

www.ingramcontent.com/pod-product-compliance
Ingram Content Group UK Ltd.
Pitfield, Milton Keynes, MK11 3LW, UK
UKHW021123260726
13994UKWH00002B/971